Collect
PRC
dirigée

Série
10

Germinal (1885)

ZOLA

PAR MICHEL ERRE
agrégé des lettres modernes

HATIER

SOMMAIRE

■ **1. Extrait de la première partie, chapitre 1**
— L'arrivée d'Étienne au Voreux
EXPLICATION DE TEXTE   3

■ **2. Extrait de la première partie, chapitre 4**
— L'enfer de la mine
EXPLICATION DE TEXTE   11

■ **3. Extrait de la quatrième partie, chapitre 1**
— Un déjeuner chez les bourgeois
COMMENTAIRE COMPOSÉ.   17

■ **4. Extrait de la quatrième partie, chapitre 7**
— Étienne prophétisant la société future
PLAN RÉDIGÉ[1].   25

■ **5. Extrait de la quatrième partie, chapitre 7**
— Étienne annonçant la révolution sociale
COMMENTAIRE COMPOSÉ.   33

■ **6. Extrait de la cinquième partie, chapitre 5**
— Le déferlement de l'émeute ouvrière
EXPLICATION DE TEXTE   41

■ **7. Extrait de la septième partie, chapitre 2**
— Le sabotage du Voreux
PLAN RÉDIGÉ[1].   49

■ **8. Extrait de la septième partie, chapitre 3**
— L'agonie du Voreux
PLAN RÉDIGÉ[1].   57

■ **9. Extrait de la septième partie, chapitre 5**
— Les noces d'Étienne et de Catherine
PLAN RÉDIGÉ[1].   65

■ **10. Extrait de la septième partie, chapitre 6**
— Vers une conception réfléchie de la révolution
EXPLICATION DE TEXTE   73

---

1. Ce plan rédigé peut être utilisé dans la perspective d'un *commentaire composé* ou dans celle d'une lecture de texte par centres d'intérêt en vue de l'oral *(lecture méthodique)*.

© HATIER PARIS SEPTEMBRE 1991   ISSN 0750-2516   ISBN 2-218-03209-0
Toute représentation, traduction, adaptation ou reproduction, même partielle, par tous procédés, en tous pays, faite sans autorisation préalable est illicite et y exposerait le contrevenant à des poursuites judiciaires. Réf. : *loi du 11 mars 1957.*

Extrait de la première partie, chapitre 1

L'arrivée d'Étienne au Voreux[1]

L'homme était parti de Marchiennes vers deux heures. Il marchait d'un pas allongé, grelottant sous le coton aminci de sa veste et de son pantalon de velours. Un petit paquet, noué dans un mouchoir à
5 carreaux, le gênait beaucoup; il le serrait contre ses flancs, tantôt d'un coude, tantôt de l'autre, pour glisser au fond de ses poches les deux mains à la fois, des mains gourdes que les lanières du vent d'est faisaient saigner. Une seule idée occupait sa tête vide
10 d'ouvrier sans travail et sans gîte, l'espoir que le froid serait moins vif après le lever du jour. Depuis une heure, il avançait ainsi, lorsque sur la gauche, à deux kilomètres de Montsou, il aperçut des feux rouges, trois brasiers brûlant en plein air, et comme sus-
15 pendus. D'abord, il hésita, pris de crainte; puis, il ne put résister au besoin douloureux de se chauffer un instant les mains.

Un chemin creux s'enfonçait. Tout disparut. L'homme avait à sa droite une palissade, quelque
20 mur de grosses planches fermant une voie ferrée; tandis qu'un talus d'herbe s'élevait à gauche, sur-monté de pignons confus, d'une vision de village aux toitures basses et uniformes. Il fit environ deux cents pas. Brusquement, à un coude du chemin, les feux
25 reparurent près de lui, sans qu'il comprît davantage comment ils brûlaient si haut dans le ciel mort, pareils à des lunes fumeuses. Mais, au ras du sol, un autre spectacle venait de l'arrêter. C'était une masse

---

1. Pages 49-50 dans l'édition Folio, Gallimard. Les intertitres en italique ne sont pas de Zola; ils donnent l'idée d'ensemble du texte.

lourde, un tas écrasé de constructions, d'où se dres-
30 sait la silhouette d'une cheminée d'usine; de rares
lueurs sortaient des fenêtres encrassées, cinq ou six
lanternes tristes étaient pendues dehors, à des charpentes dont les bois noircis alignaient vaguement des
profils de tréteaux gigantesques; et, de cette appari-
35 tion fantastique, noyée de nuit et de fumée, une seule
voix montait, la respiration grosse et longue d'un
échappement de vapeur, qu'on ne voyait point.
   Alors, l'homme reconnut une fosse.

EXPLICATION DE TEXTE

▄▄▄▄▄ SITUATION

   Les premières pages de *Germinal* racontent l'arrivée
nocturne d'Étienne Lantier à la mine du Voreux, près de
Montsou, une bourgade imaginaire que Zola situe dans le
bassin houiller du Nord de la France. L'ouverture de l'œuvre
présente donc à la fois le personnage central et le cadre
essentiel de l'action. Toutefois, contrairement à ce qui était
alors presque une règle, Zola évite de nommer et de définir
d'emblée le personnage et il esquisse un décor que l'obscurité rend vague, déroutant. Ce passage se situe au tout
début de l'œuvre, juste après un premier paragraphe dans
lequel l'écrivain a commencé de décrire la marche d'un
homme épuisé, cheminant dans une campagne glacée – un
homme dont on saura quelques pages plus loin seulement
qu'il s'appelle Étienne Lantier.

▄▄▄▄▄ ÉTUDE SUIVIE

Une marche éprouvante (l. 1 à 17)

● **Un homme en butte à un monde ennemi** (l. 1 à 9)
   Désigné au début de l'extrait par ces deux mots,
«l'homme» (l. 1), le protagoniste est bien présenté d'entrée
comme un être anonyme à propos duquel Zola ne fournit,
dans un premier temps, presque aucune information.

On sait seulement que le voyageur nocturne vient de Marchiennes, bourgade industrielle du Nord de la France.

Zola nous indique aussi que l'homme «était parti [...] vers deux heures» (l. 1) ; mais cette précision temporelle ne fait qu'intriguer le lecteur qui se demande pourquoi le protagoniste s'est mis en route en pleine nuit. Enfin, si la notation sur l'habillement médiocre de l'inconnu indique sa probable appartenance à une classe défavorisée, Zola insiste moins sur la signification sociale de ce vêtement que sur la mauvaise protection qu'il constitue contre le froid. L'expression «le coton aminci» évoque non pas un véritable habit mais une sorte de pellicule de tissu usagé et n'offrant qu'une résistance dérisoire aux intempéries.

En fait, c'est surtout par la souffrance et l'état d'abrutissement qu'elle provoque que Zola caractérise d'abord le personnage : «Il marchait d'un pas allongé» (l. 2) comme pour fuir le froid. Son corps réagit intensément à l'agression de l'air glacial : il «grelott[e]» (l. 2), ses «mains gourdes» (l. 8) saignent sous l'effet du vent. On a d'ailleurs le sentiment que tout contribue à tourmenter l'inconnu, y compris son propre bagage : «Un petit paquet, noué dans un mouchoir à carreaux, le gênait beaucoup» (l. 4-5).

Ce misérable balluchon se transforme en un véritable fardeau et encombre le voyageur qui cherche à se protéger les mains : «il le serrait contre ses flancs, tantôt d'un coude, tantôt de l'autre, pour glisser au fond de ses poches les deux mains à la fois» (l. 5-7). Enfin, le vent lui-même semble obéir à une volonté haineuse, c'est un fouet («les lanières du vent d'est», l. 8) flagellant le marcheur.

Celui-ci apparaît donc en situation de victime à travers une description, purement extérieure, qui se borne à peindre ses réactions physiques face au froid. Déshumanisé, réduit à un corps souffrant et embarrassé, l'homme semble devenir l'image symbolique de toute une population accablée par les difficultés et la souffrance.

● **Un «ouvrier sans travail et sans gîte»** (l. 9-17)

D'ailleurs, la première précision véritable apportée sur le personnage concerne sa situation sociale particulièrement défavorable : c'est un «ouvrier sans travail et sans gîte» (l. 10), donc un homme qui relève d'une classe sociale défavorisée sans pourtant lui appartenir pleinement. Travailleur «sans travail», homme «sans gîte», le voyageur n'est qu'un vagabond doublement exclu de la vie normale.

Cette exclusion semble avoir même ruiné l'esprit du voyageur. Abandonnant le point de vue extérieur utilisé jusque-là, l'écrivain évoque en effet sa «tête vide d'ouvrier sans travail et sans gîte» (l. 9-10). À travers une telle formule généralisatrice, Zola, qui voit dans l'homme le seul produit du milieu et des circonstances, suggère que le chômage et l'instabilité entraînent nécessairement l'absence de pensée et l'amoindrissement de la personnalité.

Le perte de son statut social altère l'identité du protagoniste. Son esprit n'est plus qu'un désert qu'occupe tout entier «Une seule idée [...], l'espoir que le froid serait moins vif après le lever du jour» (l. 9-11). Mais ce que Zola appelle «une idée» n'est en réalité qu'un instinct : le désir obsessionnel de sentir le froid diminuer. L'application des mots «idée» ou «espoir» au domaine des instincts accentue la déshumanisation du personnage, réduit à ce seul domaine des pulsions. D'ailleurs, dans l'expression «Depuis une heure, il avançait ainsi» (l. 11-12), l'emploi de l'imparfait exprime la monotonie d'une marche inconsciente.

L'hébétude du personnage est toutefois rompue quand l'homme aperçoit, non loin de Montsou, «des feux rouges» (l. 13). L'inconnu est manifestement impressionné par ces feux; il les perçoit comme «trois brasiers brûlant en plein air, et comme suspendus» (l. 14-15). L'expression «comme suspendus» nous fait voir ces «brasiers» à travers la vision du personnage. Ils se transforment alors en une apparition fantastique, à la fois positive – puisque signe de chaleur, de mieux-être – et inquiétante.

Face à cette image fantasmagorique, inexplicable, l'inconnu se sent d'abord dominé par une peur irrationnelle («D'abord, il hésita, pris de crainte» l. 15). Puis, l'instinct qui pousse l'homme souffrant vers le soulagement domine la peur et l'inconnu ne peut «résister au besoin douloureux de se chauffer un instant les mains» (l. 16-17). À la fin du paragraphe, Zola met une fois de plus en évidence la passivité ahurie de son personnage : celui-ci ne décide pas, il est mû par des pulsions.

Un paysage «fantastique» (l. 18-37)

● **Lignes 18 à 23**

La première phrase : «Un chemin creux s'enfonçait» (l. 18), insiste toujours sur la passivité de l'homme. Il est guidé par le chemin, comme si le terrain s'organisait pour l'entraîner vers les feux qu'il vient de voir. Ce chemin l'amène de surcroît à se retrouver en contrebas du paysage qui semble alors s'évanouir comme par magie. La phrase «Tout disparut» (l. 18), par son caractère elliptique et ambigu, fait partager au lecteur la vision faussée du personnage qui ne voit plus ce qui l'entoure et paraît croire à quelque anéantissement mystérieux du paysage environnant. La présence d'une «voie ferrée» (l. 20) longeant le chemin creux semble, certes, indiquer que nous avons affaire à un site industriel. Mais, le fait que le chemin soit bordé d'une «palissade» (l. 19) et d'un «talus d'herbe» (l. 21) transforme le sentier en lieu symbolique, à l'image d'un destin dont on ne peut s'écarter.

Enfin, une image fantomatique vient accentuer l'étrangeté du lieu : «un talus d'herbe s'élevait [...], surmonté de pignons confus, d'une vision de village aux toitures basses» (l. 21 à 23). Le double sens de la formule «vision de village» peut évoquer aussi bien une bourgade réelle qu'une hallucination gagnant l'esprit affaibli du protagoniste.

● **Lignes 24 à 28**

Le fait que le voyageur voie «brusquement, à un coude du chemin, les feux repar[aître]» (l. 24), après avoir parcouru une distance mal précisée («environ deux cents pas», l. 23), renforce le caractère insaisissable du paysage. L'homme ne distingue toujours pas ce qui soutient les trois feux et ne comprend pas «comments ils brûl[ent] si haut dans le ciel mort, pareils à des lunes fumeuses» (l. 26-27). À travers le regard du personnage, Zola évoque les brasiers comme une vision d'un monde à l'agonie («ciel mort») où même les sources de lumière sont «fumeuses».

Mais si le ciel est occupé par cette vision inquiétante, «au ras du sol» (l. 27), une nouvelle vision fige le voyageur («un autre spectacle venait de l'arrêter», l. 27-28). Cet «autre spectacle» qui intrigue le marcheur est un bâtiment industriel que l'inconnu perçoit comme un tableau irréel et dont la description occupe une dizaine de lignes (l. 28-37

«C'était [...] point») – soit trois phrases grammaticales[1] séparées par deux points-virgules (l. 30-34).

● **Lignes 28-37**

L'usine est présentée ici sous l'aspect d'un amas informe («C'était une masse lourde, un tas écrasé de constructions», l. 28-29). La description repose, en outre, sur un contraste brutal entre des édifices très bas et une cheminée qui se dresse au-dessus, agressivement («d'où se dressait la silhouette d'une cheminée d'usine», l. 29-30). L'emploi du mot «silhouette» pour désigner la cheminée tend à personnifier l'usine, à lui conférer une vie mystérieuse.

Dans la phrase suivante (l. 30-34), le voyageur commence à percevoir quelques détails, des lumières notamment, dont on pourrait croire qu'elles vont dissiper un peu l'aspect sinistre du bâtiment. Mais ces lumières se réduisent à «de rares lueurs [sortant] de fenêtres encastrées» et à «cinq ou six lanternes tristes» pendues dehors (l. 31-32) : dans cet univers sombre et terne, la lumière elle-même semble participer à la grisaille. Zola dessine ainsi un clair-obscur plus triste qu'une obscurité totale et dont l'imprécision donne une dimension fantasmagorique aux charpentes du bâtiment («dont les bois noircis alignaient vaguement des profils de tréteaux gigantesques», l. 33-34). Encore une fois, le vocabulaire choisi fait de cette image un spectacle de cauchemar : l'adverbe «vaguement» rend la vision spectrale, le terme «profil» évoque une entité vivante; l'expression «les bois noircis» fait penser à un instrument de supplice (on dit «les bois de justice» et parfois, simplement, «les bois» pour désigner la guillotine).

Il n'est donc pas étonnant que Zola définisse cette architecture comme une «apparition fantastique» (l. 33-34). La formule traduit à la fois l'étrangeté de l'usine et son brusque surgissement sous les yeux d'un voyageur qui pourrait croire qu'elle est soudainement sortie du néant. L'apparition, d'ailleurs, se dégage à peine du fond brumeux qui l'entoure : elle est «noyée de nuit et de fumée» (l. 35), écrit Zola en une formule qui produit une impression d'étouffement. Enfin, l'auteur conclut l'évocation de l'usine sur une note sonore angoissante : «de cette apparition

_____

1. Rappelons qu'une phrase grammaticale forme un ensemble syntaxique qui peut être terminé par toute ponctuation forte – dont le point-virgule.

fantastique [...] une seule voix montait, la respiration grosse et longue d'un échappement de vapeur, qu'on ne voyait point» (l. 34-37). Ce bruit est celui d'une machine, mais d'une machine que ni le personnage ni le lecteur ne peuvent percevoir. Il est alors entendu comme le souffle d'une créature : les mots «voix», «respiration» renforcent le processus de personnification de la bâtisse.

L'accumulation des détails, au lieu de dévoiler la réalité du site, tend plutôt à l'occulter sous une imagerie fantastique.

La révélation de la nature du site (l. 38)

Et pourtant, c'est juste après cette évocation déroutante que le voyageur découvre enfin dans quel lieu il se trouve : «Alors, l'homme reconnut une fosse» (l. 38). Même si l'on accepte de considérer le son «d'un échappement de vapeur» (l. 36-37) comme un indice significatif pour un ouvrier, il est paradoxal que l'inconnu reconnaisse une fosse de mine après une description aussi imprécise. Peut-être l'auteur entend-il suggérer par là que de tels lieux sont si inhumains qu'ils ne sauraient être reconnus que par des ouvriers condamnés à y travailler.

◼◼◼ CONCLUSION

Dès les premières pages du roman, Zola ne s'en tient pas au style neutre et informatif qui devrait correspondre à ses théories naturalistes[1], il ne se contente pas de présenter avec objectivité un site industriel, il en exprime toute la monstruosité grâce à des visions fantasmagoriques.

Les pages suivantes nous apprendront d'ailleurs que ce site minier porte un nom d'ogre dévorateur d'ouvriers : le Voreux[2]. C'est là qu'Étienne Lantier, le vagabond évoqué dans l'extrait, va trouver à s'embaucher. C'est un ouvrier mécanicien renvoyé de son emploi précédent pour avoir giflé un contremaître. À bien des égards, *Germinal* sera le récit de la lutte entre ce rebelle et la mine monstrueuse du Voreux, lieu symbolique de l'exploitation des travailleurs.

---

1. Théorie créée par Zola, selon laquelle la littérature doit avoir pour fonction de décrire, avec un réalisme objectif, et d'expliquer, en s'appuyant sur la science, les réalités sociales et humaines.
2. «Voreux» est évidemment forgé sur le radical de «vorace».

Plan pour un commentaire composé

INTRODUCTION

Un début de roman qui joue sur l'opposition d'un personnage presque pitoyable et d'un cadre impressionnant.

1. L'HOMME

a) Un personnage défini par la souffrance que lui cause un environnement hostile (cf. *Un homme en butte à un monde ennemi*, p. 5)
b) Un protagoniste évoqué en termes purement physiologiques qui révèlent les conceptions matérialistes de Zola (cf. *Un ouvrier sans travail et sans gîte*, p. 6)
c) Un exclu déterminé par sa condition sociale précaire (cf. *Un ouvrier sans travail et sans gîte*, pp. 5-6)

2. LE CADRE

a) Un environnement hostile (cf. *Un homme en butte à un monde ennemi*, pp. 4-5)
b) Un paysage fantomatique (cf. *Un paysage fantastique*, pp. 7-9)
c) Un site industriel assimilé à un monstre (cf. *Un paysage fantastique*, pp. 8-9)

3. LES MOYENS ET LE SENS D'UNE VISION FANTASMAGORIQUE

a) Un site vu à travers le regard déformant d'un personnage épuisé (cf. *Un ouvrier sans travail et sans gîte*, p. 6, et *Un paysage fantastique*, p. 7)
b) Un dévoilement inattendu de la nature du site, soulignant le caractère inhumain de ce dernier (cf. *La révélation de la nature du site*, p. 9)

CONCLUSION

Un texte plus visionnaire que réaliste

Extrait de la première partie, chapitre 4

L'enfer de la mine[1]

C'était Maheu qui souffrait le plus. En haut, la température montait jusqu'à trente-cinq degrés, l'air ne circulait pas, l'étouffement à la longue devenait mortel. Il avait dû, pour voir clair, fixer sa lampe à un clou, près de sa tête ; et cette lampe, qui chauffait son crâne, achevait de lui brûler le sang. Mais son supplice s'aggravait surtout de l'humidité. La roche, au-dessus de lui, à quelques centimètres de son visage, ruisselait d'eau, de grosses gouttes continues et rapides, tombant sur une sorte de rythme entêté, toujours à la même place. Il avait beau tordre le cou, renverser la nuque : elles battaient sa face, s'écrasaient, claquaient sans relâche. Au bout d'un quart d'heure, il était trempé, couvert de sueur lui-même, fumant d'une chaude buée de lessive. Ce matin-là, une goutte, s'acharnant dans son œil, le faisait jurer. Il ne voulait pas lâcher son havage, il donnait de grands coups, qui le secouaient violemment entre les deux roches, ainsi qu'un puceron pris entre deux feuillets d'un livre, sous la menace d'un aplatissement complet.

Pas une parole n'était échangée. Ils tapaient tous, on n'entendait que ces coups irréguliers, voilés et comme lointains. Les bruits prenaient une sonorité rauque, sans un écho dans l'air mort. Et il semblait que les ténèbres fussent d'un noir inconnu, épaissi par les poussières volantes du charbon, alourdi par les gaz qui pesaient sur les yeux. Les mèches des lampes, sous leurs chapeaux de toile métallique, n'y mettaient que des points rougeâtres. On ne distin-

---

1. Pages 86-87 dans l'édition Folio.

guait rien, la taille s'ouvrait, montait ainsi qu'une large cheminée, plate et oblique, où la suie de dix hivers aurait amassé une nuit profonde.

▰▰▰▰ SITUATION

Étienne Lantier vient d'être embauché à la mine du Voreux. Il descend pour la première fois au fond avec l'équipe de Maheu, ouvrier expérimenté qui a fait engager le jeune homme pour remplacer une herscheuse[1] brutalement décédée la veille.

▰▰▰▰ ÉTUDE SUIVIE

Le « supplice de Maheu » (l. 1-21)

Dans ce paragraphe, Zola décrit Maheu au travail et met ainsi en évidence le caractère éprouvant du métier de mineur.

● **Lignes 1 à 6**

Pris comme un exemple représentatif de son équipe, Maheu est présenté d'emblée comme celui «qui souffr[e] le plus» (l. 1). Il occupe la position la plus pénible, «en haut» (l. 1) du front de taille[2]. Là, il subit à la fois la chaleur et le manque d'air. De brèves propositions juxtaposées donnent au lecteur le sentiment d'une accumulation intolérable de causes de souffrance : «la température montait jusqu'à trente-cinq degrés, l'air ne circulait pas, l'étouffement à la longue devenait mortel» (l. 1-4). L'adjectif «mortel», utilisé au sens figuré, n'en suggère pas moins l'inhumanité des conditions de travail décrites et leur effet destructeur, à terme, sur les ouvriers qui les subissent. Dans l'univers monstrueux de la mine, même les objets se

1. Ouvrière qui pousse les wagonnets au fond de la mine. On remarquera qu'Étienne n'a pas été embauché comme ouvrier mécanicien (c'est-à-dire qualifié) mais qu'il se trouve au plus bas de la hiérarchie ouvrière d'une mine.
2. Extrémité d'une galerie où le mineur extrait le minerai.

métamorphosent en facteurs de tourment : la lampe que Maheu avait fixée «pour voir clair, [...] à un clou, près de sa tête [...] chauffait son crâne, achevait de lui brûler le sang» (l. 4-6). Cette lampe contribue ainsi à consumer la substance même, symbolisée par le sang, de la vie de Maheu.

● **Lignes 6 à 21**

La conjonction de coordination «mais» (l. 6), qui traduit l'opposition, pourrait laisser espérer qu'un facteur nouveau vienne atténuer les souffrances de Maheu. En fait, ce «mais» signifie plutôt que les douleurs déjà évoquées sont peu de choses comparées à celles dont il va être question : «Mais son supplice s'aggravait surtout de l'humidité» (l. 6-7).

Dans cette phrase, l'allitération irritante en s («son supplice s'aggravait surtout») produit un malaise chez le lecteur. L'utilisation du verbe «s'aggraver» montre encore une fois que les différentes causes et formes de souffrance ne se confondent pas mais s'additionnent. Et l'emploi hyperbolique du mot «supplice» rapproche le travail du mineur d'un atroce châtiment infligé à quelque criminel. À cette différence près, naturellement, que les charbonniers subissent une telle peine sans avoir commis aucun crime !

La torture par «l'humidité», est pire que les autres parce qu'elle affecte aussi bien l'état mental du mineur que son corps. Au désagrément physique («Au bout d'un quart d'heure, il était trempé», l. 13-14), s'ajoute en effet l'exaspération causée par la chute ininterrompue de gouttes d'eau : «La roche, au-dessus de lui, [...] ruisselait d'eau, de grosses gouttes continues et rapides, tombant sur une sorte de rythme entêté, toujours à la même place» (l. 7-11). Les allitérations en t (gouttes, continues, tombant, sorte, rythme, entêté, toujours) rendent le son mat, irritant et régulier des gouttes qui s'écrasent ; le mot «entêté» sous-entend que cette eau qui coule a une personnalité malfaisante, qu'elle tourmente Maheu intentionnellement. D'ailleurs, celui-ci «a beau tordre le cou, renverser la nuque» (l. 11-12), il ne parvient pas pour autant à échapper aux gouttes persécutrices. Elles le poursuivent pour heurter son visage avec un bruit sourd que traduit dans la phrase une assonance en a : «elles battaient sa face, s'écrasaient, claquaient, sans relâche» (l. 12-13). L'accumulation des verbes qui, à eux seuls, constituent presque la totalité de la phrase, la valeur agressive de ces verbes («battaient», «claquaient») achèvent de donner à la chute des gouttes l'aspect d'une vraie volée de coups.

De plus, le corps même de Maheu participe, en suant abondamment, à sa propre torture : «Au bout d'un quart d'heure», le charbonnier se trouve «trempé, couvert de sueur [...], fumant d'une chaude buée de lessive» (l. 13-15), de sorte qu'il semble ne plus être qu'une loque spongieuse, imprégnée par l'eau destructrice de la mine.

Enfin, Zola termine l'évocation de ce martyre par un ultime détail qui marque une fois de plus la cruauté raffinée de l'eau souterraine : «Ce matin-là, une goutte s'acharn[ait]» dans l'œil de Maheu (l. 15-16). L'écrivain insinue que ces gouttes cherchent l'endroit le plus sensible du corps humain et tentent de gêner le travail du charbonnier en s'attaquant à sa vue.

Cette aggravation de la torture est toutefois présentée comme ponctuelle, propre à «ce matin-là» – ce qui prouve d'ailleurs que, pour l'essentiel du texte, la description concerne, à travers une matinée particulière, toutes les autres matinées de labeur infernal.

Pourtant, Maheu reste encore combatif. Supplicié par l'air (ou le manque d'air), le feu (ou l'extrême chaleur), l'eau, la terre (qui le maintient dans une sorte de carcan), Maheu s'acharne contre cette mine hostile : «Il ne voulait pas lâcher son havage[1], il donnait de grands coups» (l. 17-18). Mais, bien sûr, le combat est inégal. Et les coups que Maheu inflige à la mine se retournent contre lui : ils le secouent «violemment entre les deux roches, ainsi qu'un puceron pris entre deux feuillets d'un livre, sous la menace d'un aplatissement complet» (l. 18-21). Notons la richesse de la comparaison entre Maheu et le «puceron», qui exprime à la fois le risque de l'éboulement mortel, l'infinie faiblesse du charbonnier face à la mine et le désarroi de l'homme devant un monde souterrain qui lui est aussi étranger que les pages d'un livre à un insecte.

---

1. Mode de travail employé dans les roches stratifiées et qui consiste à pratiquer des entailles parallèles à la stratification afin de faciliter l'abattage.

Un monde infernal (l. 22-33)

Dans ces lignes, l'élargissement de la description à l'ensemble de la taille permet à Zola, grâce à de complexes notations auditives et visuelles, d'amener le lecteur à percevoir le monde particulier de la mine comme un univers diabolique.

Dès le début du paragraphe, l'écrivain insiste sur le silence des mineurs : «Pas une parole n'était échangée» (l. 22). Ce silence met surtout en évidence les bruits matériels du travail : «Ils tapaient tous, on n'entendait que ces coups irréguliers, voilés et comme lointains» (l. 22-24). Le lecteur, associé à la perception directe de «ces coups» par l'emploi du pronom «on», se trouve transporté à l'intérieur de la mine. Dans cet univers des profondeurs, baigné d'obscurité («On ne distinguait rien», l. 30-31), les réalités du monde normal semblent transformées, dégradées. Ainsi, des sons tout proches s'entendent «voilés et [...] lointains». Et tous les bruits sont amortis, cotonneux et rudes à la fois : «Les bruits prenaient une sonorité rauque, sans un écho dans l'air mort» (l. 24-25). L'air de la mine est «mort», c'est-à-dire, au sens concret, stagnant et pauvre en oxygène – et, au sens symbolique, transformé en principe malfaisant. Enfin, l'obscurité elle-même paraît changer de nature, appartenir à une autre réalité («il semblait que les ténèbres fussent d'un noir *inconnu*», l. 25-26).

Zola amplifie encore l'étrangeté de la mine en associant dans une même image ou expression, des réalités tangibles, palpables, et d'autres qui ne le sont pas. Ainsi, il présente l'obscurité, le «noir», évidemment impalpable, comme «épaissi par les poussières volantes du charbon, alourdi par des gaz qui pesaient sur les yeux» (l. 26-28). À travers une telle formulation, les ténèbres acquièrent un caractère compact et oppressant que rend d'ailleurs la lourde allitération en p (épaissi, par, poussière, par, pesaient...). Un peu plus loin, l'écrivain compare la taille à «une large cheminée, plate et oblique, où la suie de dix hivers aurait amassé une nuit profonde» (l. 31-33). Cette comparaison suggère que l'obscurité de la mine ne se réduit pas à une simple absence de lumière ; c'est en fait une substance épaisse, une matière dense et étouffante.

■ CONCLUSION

Ainsi, en insistant sur l'étrangeté radicale des profondeurs du puits comme en assimilant le métier des mineurs à un supplice injustifié, Zola nous fait percevoir l'univers de la fosse comme un enfer au sens propre du terme. La puissance de cette imagerie infernale, habilement dessinée, traduit l'horreur d'un travail inhumain, et justifie d'avance, aux yeux du lecteur, une révolte éventuelle des mineurs.

■ Plan pour un commentaire composé

INTRODUCTION

Un texte où la description d'un lieu de travail est avant tout celle d'un lieu de tourment.

1. LE TOURMENT DES MINEURS

a) Un travail assimilé à un véritable supplice (cf. *Le supplice de Maheu,* pp. 12-14).
b) Des éléments naturels qui tourmentent intentionnellement le mineur (cf. *Le supplice de Maheu,* p. 12-14).

2. LE MONDE INFERNAL DE LA MINE

a) Un domaine du clair-obscur où les perceptions sont faussées (cf. *Un monde infernal,* p. 15).
b) Un univers qui semble obéir à des lois inconnues (cf. *Un monde infernal,* p. 15).
c) Un Enfer pour des damnés innocents (cf. *Le supplice de Maheu,* p. 13).

CONCLUSION

Un document sur la mine transcendé par l'imaginaire des mythes infernaux.

3 Extrait de la quatrième partie, chapitre 1

Un déjeuner chez les bourgeois[1]

Chaque convive se mettait à l'aise, dans cette salle tendue de tapisseries flamandes, meublée de vieux bahuts de chêne. Des pièces d'argenterie luisaient derrière les vitraux des crédences; et il y avait une
5 grande suspension en cuivre rouge, dont les rondeurs polies reflétaient un palmier et un aspidistra, verdissant dans des pots de majolique. Dehors, la journée de décembre était glacée par une aigre bise du nord-est. Mais pas un souffle n'entrait, il faisait là
10 une tiédeur de serre, qui développait l'odeur fine d'un ananas, coupé au fond d'une jatte de cristal.

– Si l'on fermait les rideaux? proposa Négrel, que l'idée de terrifier les Grégoire amusait.

La femme de chambre, qui aidait le domestique,
15 crut à un ordre et alla tirer un des rideaux. Ce furent, dès lors, des plaisanteries interminables : on ne posa plus un verre ni une fourchette, sans prendre de précautions; on salua chaque plat, ainsi qu'une épave échappée à un pillage, dans une ville conquise;
20 et, derrière cette gaieté forcée, il y avait une sourde peur, qui se trahissait par des coups d'œil involontaires jetés vers la route, comme si une bande de meurt-de-faim eût guetté la table du dehors.

Après les œufs brouillés aux truffes, parurent des
25 truites de rivière.

La conversation était tombée sur la crise industrielle, qui s'aggravait depuis dix-huit mois.

– C'était fatal, dit Deneulin, la prospérité trop grande des dernières années devait nous amener là...
30 Songez donc aux énormes capitaux immobilisés, aux

---

1. Pages 257-258 dans l'édition Folio.

chemins de fer, aux ports et aux canaux, à tout
l'argent enfoui dans les spéculations les plus folles.
Rien que chez nous, on a installé des sucreries
comme si le département devait donner trois récoltes
35 de betteraves... Et dame! aujourd'hui, l'argent s'est
fait rare, il faut attendre qu'on rattrape l'intérêt des
millions dépensés : de là, un engorgement mortel et la
stagnation finale des affaires.

M. Hennebeau combattait cette théorie, mais il
40 convint que les années heureuses avaient gâté
l'ouvrier.

– Quand je songe, cria-t-il, que ces gaillards, dans
nos fosses, pouvaient se faire jusqu'à six francs par
jour, le double de ce qu'ils gagnent à présent! Et ils
45 vivaient bien, et ils prenaient des goûts de luxe...
Aujourd'hui, naturellement ça leur semble dur, de
revenir à leur frugalité ancienne.

COMMENTAIRE COMPOSÉ

■■■ (INTRODUCTION[1])

Le texte se situe dans la quatrième partie du roman, le
jour où les mineurs se mettent en grève en raison d'une
baisse de leurs salaires ; il relate les réactions que provoque
cet événement chez un groupe de personnes aisées qui
déjeunent chez Hennebeau, l'administrateur chargé par la
Compagnie minière de diriger l'exploitation de Montsou. À
sa table, on trouve des membres de sa famille (son épouse
et son neveu, l'ingénieur Négrel) mais aussi un couple
d'actionnaires de la Compagnie, les Grégoire, accompa-
gnés de leur fille Cécile, et enfin Deneulin, propriétaire
d'une petite mine indépendante. Tous ces gens appartien-

---

1. Pour faciliter la compréhension immédiate du plan de notre
commentaire, nous avons indiqué entre parenthèses l'idée centrale
de chaque partie. Il est bien évident que cette indication ne doit
jamais figurer dans une copie. Il en va de même pour les parenthèses explicatives qui éclairent les mots difficiles.

nent donc aux classes supérieures de la société; ce sont des bourgeois[1], par leur mentalité, leur statut social, leur puissance économique.

À travers les propos de ces personnages, Zola peut donc exprimer les opinions de représentants des classes aisées sur les problèmes économiques et sociaux. Il en profite aussi pour montrer, avec ironie, de quelle façon se comportent des privilégiés dans une situation troublée. Cette description lui permet de faire la satire d'une bourgeoisie dont il dénonce l'égoïsme et le cynisme inconscient.

(POINTS DE VUE BOURGEOIS SUR LA CRISE ÉCONOMIQUE ET LA GRÈVE)

Le texte est constitué en partie par une discussion entre Hennebeau et Deneulin. Discussion qui porte, non seulement sur la grève, mais aussi sur un contexte général de difficultés économiques, ces dernières étant à l'origine des baisses de salaire[2] décidées par la compagnie de Montsou et qui ont entraîné le mouvement de protestation des mineurs. Dans cette conversation, c'est Deneulin qui semble analyser la situation de la manière la plus approfondie. Il s'intéresse d'ailleurs moins à la grève qu'à sa cause indirecte: «la crise industrielle s'aggravait depuis dix-huit mois» (l. 26-27). Pour Deneulin, la raison de cette crise est à rechercher dans les investissements excessifs effectués durant la période de prospérité qui a précédé. «Songez donc [dit-il à Hennebeau] aux énormes capitaux immobilisés, aux chemins de fer, aux ports et aux canaux, à tout l'argent enfoui dans les spéculations les plus folles» (l. 30-32). Selon Deneulin, ces investissements massifs, réalisés de façon irréfléchie dans l'espoir de bénéfices soudains et colossaux, ont entraîné une raréfaction de l'argent disponible, donc une diminution des possibilités de transaction et une mévente générale des produits. Par

---

1. D'un point de vue économique strict, le mot «bourgeois» signifie propriétaire de moyens de production. Mais le terme est souvent employé, et notamment par Zola, pour désigner tous ceux qui bénéficient de l'ordre existant, par opposition aux défavorisés.
2. Voir éd. Folio, p. 231 (III,4).

conséquent, la seule solution pour les milieux d'affaires est d'attendre que les capitaux se reconstituent et «qu'on rattrape l'intérêt des millions dépensés» (l. 36-37). Mais pendant ce temps, on n'achète pas : «de là, un engorgement mortel et la stagnation finale des affaires» (l. 37-38).

Les propos tenus par Hennebeau n'ont pas, quant à eux, la même portée. Hennebeau n'est pas d'accord avec l'analyse développée par son interlocuteur («M. Hennebeau combattait cette théorie», l. 39). Mais le directeur de la mine n'oppose pas à Deneulin une autre explication de la crise. En fait, il ne cherche pas à l'expliquer : il la constate. En considérant sans doute que le seul moyen pour les entreprises de survivre, dans un tel contexte, est d'abaisser les prix de revient, donc les salaires des ouvriers, il s'intéresse surtout aux réactions de ces derniers. Il estime ainsi que la période de prospérité qui a précédé la crise a habitué les travailleurs à des salaires qu'il juge trop élevés et qu'on ne peut désormais réduire sans susciter de protestations. Les «années heureuses» (l. 40) se caractérisent d'abord à ses yeux par le fait qu'elles ont «gâté l'ouvrier» (l. 40-41) : «Quand je songe, cria-t-il, que ces gaillards, dans nos fosses, pouvaient se faire jusqu'à six francs par jour, le double de ce qu'ils gagnent à présent! Et ils vivaient bien, et ils prenaient des goûts de luxe... Aujourd'hui, naturellement ça leur semble dur, de revenir à leur frugalité ancienne» (l. 42-47).

Il est clair que les propos des deux interlocuteurs relèvent de niveaux d'analyse bien différents. Deneulin cherche à démonter les mécanismes de la crise; Hennebeau, lui, s'indigne des réactions des mineurs devant une baisse de salaire. Ces divergences entre les deux hommes traduisent, outre une opposition de caractère, une différence de situation sociale. Hennebeau dirige une exploitation qui ne lui appartient pas, où il se contente d'appliquer la politique de la Compagnie. Deneulin, propriétaire de sa mine, doit décider par lui-même en analysant au mieux le contexte économique où s'intègre son entreprise. C'est assez logiquement à Deneulin que Zola prête la réflexion la plus pertinente sur la crise industrielle et vraisemblablement ses propres opinions. Quand le personnage dénonce dans les excès de la spéculation la cause principale des crises économiques, il sert les intentions de Zola qui entend mettre en accusation les méfaits du capitalisme anarchique et la soif d'enrichissement sans frein de nombreux bourgeois.

Mais Zola, dans ce texte, ne critique pas la bourgeoisie d'un seul point de vue économique. Il s'en prend aussi à la classe dominante à partir de critères moraux; il fait la satire d'une mentalité bourgeoise égoïste en peignant un groupe représentatif de possédants confrontés à une situation de conflit social qui met en évidence leurs défauts.

■■■■■ (DES PRIVILÉGIÉS EN ÉTAT DE SIÈGE)

Dans son évocation du repas, Zola suggère que règne parmi les convives l'atmosphère qui peut peser sur un groupe humain isolé, encerclé par des forces hostiles.

Au début de l'extrait, Zola décrit la pièce où déjeunent les bourgeois, en donnant à ce cadre le caractère d'un refuge, d'un îlot de raffinement perdu en terre sauvage. L'écrivain souligne d'abord l'aspect accueillant de la salle à manger «tendue de tapisseries flamandes, meublée de vieux bahuts de chêne» (l. 2-3). Ce mobilier, à la fois beau et ancien, semble exprimer une habitude ancestrale de la richesse et du confort. La description produit aussi une sensation de luminosité douce car Zola mentionne surtout les lumières indirectes, les reflets, les lueurs : «Des pièces d'argenterie luisaient derrière les vitraux des crédences[1]; et il y avait une grande suspension[2] en cuivre rouge, dont les rondeurs polies reflétaient un palmier» (l. 3-6). Le mot «vitraux» évoque l'atmosphère tranquille et rassurante d'une chapelle où l'on serait à l'abri des menaces du dehors.

La description de cet intérieur bourgeois prend en effet tout son sens par rapport à l'existence du monde extérieur, celui de la rude région du Nord et de son climat impitoyable. «Dehors, la journée de décembre était glacée par une aigre bise du nord-est» (l. 7-9). Cette bise hivernale semble symboliser ici la misère qui écrase la plupart des gens de la région. Par contraste, la salle à manger qui bénéficie d'«une tiédeur de serre» (l. 10) apparaît au lecteur comme un abri clos totalement coupé de son environ-

---

1. Buffet de salle à manger.
2. Appareil d'éclairage suspendu au plafond.

nement. La présence dans cette pièce d'objets précieux («pièces d'argenterie», l. 3; «pots de majolique[1]», l. 7, «jatte de cristal», l. 11) et de produits tropicaux, comble du luxe pour cette région froide («palmier», «aspidistra[2]», «ananas»; l. 6-11), accentue encore le caractère artificiel de ce lieu bourgeois et son incompatibilité avec l'environnement qui le cerne.

Mais, si le décor traduit symboliquement l'opposition entre exploités et privilégiés, Zola rend surtout sensible cette opposition par une peinture acerbe du comportement des convives. Ainsi ces derniers, au début du repas, tentent de traiter la grève par le mépris; ils en font un objet de mots d'esprit et de «plaisanteries interminables» (l. 16) en jouant aux héroïques habitants d'une ville qu'assiégeraient des agresseurs représentant bien sûr les grévistes : «on ne posa plus un verre ni une fourchette, sans prendre de précautions; on salua chaque plat, ainsi qu'une épave échappée à un pillage, dans une ville conquise» (l. 16-19). Ces plaisanteries sont ridicules et révoltantes pour le lecteur qui, grâce aux pages précédentes, connaît l'état de misère des ouvriers et sait que la grève a débuté dans le plus grand calme. Mais elles n'en sont pas moins très significatives de l'état d'esprit des bourgeois présents. En choisissant, fût-ce pour plaisanter, d'assimiler leur situation à celle de gens menacés d'un pillage, les invités des Hennebeau montrent involontairement qu'ils vivent le conflit social qui débute en termes de guerre civile. Au fond, la plupart de ces privilégiés savent bien qu'aucune entente n'est possible entre eux, qui ont tout, et ceux qui n'ont rien; ils savent que, dans une société inégalitaire, les rapports entre classes sociales ne sont que des rapports de force.

En ce sens, il n'est pas indifférent que l'écrivain ait choisi le cadre d'un repas pour étudier les réactions de bourgeois confrontés à une crise sociale. «La table» (l. 23) concrétise de manière évidente l'enjeu de la lutte entre bourgeois et ouvriers. Cette table représente clairement les biens de ce monde que les plus favorisés veulent garder pour eux seuls et auxquels voudraient accéder des masses bien plus nombreuses de déshérités.

---

1. Faïence italienne, particulièrement appréciée sous la Renaissance.
2. Plante verte d'appartement, d'origine exotique.

Voilà pourquoi, alors que la grève commence sans la moindre violence, les privilégiés que reçoit M. Hennebeau se sentent envahis par l'angoisse. Une angoisse qu'ils cherchent à conjurer par leurs plaisanteries, mais qui transparaît malgré tout : «derrière cette gaieté forcée, il y avait une sourde peur, qui se trahissait par des coups d'œil involontaires jetés vers la route, comme si une bande de meurt-de-faim eût guetté la table du dehors» (l. 20-23). Très attachés au bien-être résultant d'une société profondément injuste, les bourgeois ont l'impression de voir un groupe de victimes de cette société venir réclamer leur place à la «table». Les convives voient dans ces «meurt-de-faim» (l. 23) imaginaires (mais représentatifs de tout un peuple réellement misérable) des rivaux prêts à leur disputer leur abondante nourriture et non des hommes qui souffrent et avec lesquels les riches pourraient partager.

■■■■ (UNE SATIRE DE L'ÉGOÏSME BOURGEOIS)

D'ailleurs, l'égoïsme et l'indifférence caractérisent les personnages décrits dans ce texte. Dès le début du passage, Zola suggère discrètement l'importance que ces privilégiés accordent à leur bien-être : «Chaque convive se mettait à l'aise» (l. 1). Puis au fil de l'évocation du repas, il montre que les invités réagissent à la situation uniquement en fonction de leurs préoccupations propres. Ainsi Hennebeau et Deneulin, tout à leurs soucis de responsables d'entreprise, n'hésitent pas à se lancer dans une longue discussion économique, sans se préoccuper de l'intérêt que les autres convives, notamment les dames, peuvent porter à une telle conversation. Quant à Paul Négrel, souvent présenté au cours du roman comme un esprit cynique, il semble ne voir dans la grève qu'une occasion de se divertir en effrayant, par exemple, les Grégoire dont le lecteur devine ainsi le caractère naïf : «Si l'on fermait les rideaux ? proposa Négrel, que l'idée de terrifier les Grégoire amusait.» (l. 12-13). Même la femme de chambre interprétant les paroles de Négrel comme «un ordre» en allant tirer un des rideaux (l. 15), révèle ainsi une autre forme d'égoïsme : celui des domestiques qui profitent des inégalités et associent leur destin à celui de leurs maîtres.

Cependant, c'est surtout, encore une fois, par son utilisation du thème de la nourriture que Zola met en évidence, de façon presque caricaturale, l'égoïsme des bourgeois. En effet, l'extrait repose sur un contraste entre les réactions des bourgeois par rapport à la grève et la description du repas. Par exemple, à peine vient-on d'évoquer la frayeur des convives croyant voir au-dehors «une bande de meurt-de-faim» (l. 22-23) que l'auteur signale la présence sur la table «d'œufs brouillés aux truffes» (l. 24), puis de «truites de rivière» (l. 25). De même Hennebeau n'hésite pas à dire, en dévorant ses truites, que les ouvriers, avant la crise, «prenaient des goûts de luxe» (l. 45). Ce que cet homme appelle «goûts de luxe» est bien sûr le simple désir, pour les travailleurs, de se nourrir et de vivre correctement. On a du mal à faire la part entre le cynisme et la bêtise chez ce privilégié, pas même effleuré par l'idée qu'une baisse des salaires et un surcroît d'exploitation des malheureux n'est pas forcément la seule solution à la crise.

■■■■■ (CONCLUSION)

Cette page frappe par le ton désapprobateur de Zola à l'endroit des privilégiés qu'il décrit. Sans aller jusqu'à se réclamer ouvertement du socialisme, l'écrivain utilise avec habileté une conversation entre bourgeois pour condamner, au moins, les excès du capitalisme libéral de l'époque. Parallèlement, il met en cause avec virulence l'égoïsme des nantis, révélant de la sorte un génie satirique remarquable dans l'utilisation polémique du décor et la caractérisation acide des personnages.

Étienne prophétisant la société future[1]

Dès lors, Étienne chevauchait sa question favorite, l'attribution des instruments de travail à la collectivité, ainsi qu'il le répétait en une phrase, dont la barbarie le grattait délicieusement. Chez lui, à cette
5 heure, l'évolution était complète. Parti de la fraternité attendrie des catéchumènes, du besoin de réformer le salariat, il aboutissait à l'idée politique de le supprimer. Depuis la réunion du *Bon-Joyeux,* son collectivisme, encore humanitaire et sans formule,
10 s'était raidi en un programme compliqué, dont il discutait scientifiquement chaque article. D'abord, il posait que la liberté ne pouvait être obtenue que par la destruction de l'État. Puis, quand le peuple se serait emparé du gouvernement, les réformes com-
15 menceraient : retour à la commune primitive, substitution d'une famille égalitaire et libre à la famille morale et oppressive, égalité absolue, civile, politique et économique, garantie de l'indépendance individuelle grâce à la possession et au produit intégral des
20 outils du travail, enfin instruction professionnelle et gratuite, payée par la collectivité. Cela entraînait une refonte totale de la vieille société pourrie ; il attaquait le mariage, le droit de tester, il réglementait la fortune de chacun, il jetait bas le monument inique
25 des siècles morts, d'un grand geste de son bras, toujours le même, le geste du faucheur qui rase la moisson mûre ; et il reconstruisait ensuite de l'autre main, il bâtissait la future humanité, l'édifice de vérité et de justice, grandissant dans l'aurore du
30 vingtième siècle. À cette tension cérébrale, la raison

---

1. Pages 338-339 dans l'édition Folio.

chancelait, il ne restait que l'idée fixe du sectaire. Les scrupules de la sensibilité et de son bon sens étaient emportés, rien ne devenait plus facile que la réalisation de ce monde nouveau : il avait tout prévu, il en 35 parlait comme d'une machine qu'il monterait en deux heures, et ni le feu, et ni le sang ne lui coûtaient.

PLAN RÉDIGÉ

(pour un commentaire composé ou une lecture méthodique en vue de l'oral)

■■ INTRODUCTION

La quatrième partie du roman est entièrement centrée sur la grande grève des mineurs de Montsou. Ces derniers ont engagé leur mouvement dans la discipline et l'enthousiasme. Mais ils se sont heurtés à l'intransigeance des dirigeants de la Compagnie. Aussi, après six semaines de lutte et de privations, la volonté des grévistes fléchit-elle.

Étienne, qui s'est affirmé comme le chef du mouvement, rassemble alors de nuit ses camarades dans une clairière de la forêt de Vandame (le Plan-des-Dames) afin de renforcer leur combativité. Pour cela, il leur tient un discours où dépassant bientôt l'objectif immédiat de la grève, il dessine la société parfaite qu'une révolution sociale permettrait, selon lui de bâtir. Le passage qui nous intéresse rapporte ce discours utopique[1] d'une manière qui traduit la défiance de Zola envers un meneur comme Étienne dont il trace, dans ce contexte du moins, un portrait plutôt négatif.

■■■ 1. LE PORTRAIT D'UN MENEUR

Étienne apparaît ici comme le type même de l'ouvrier devenu meneur de grève qui se laisse emporter autant par sa popularité auprès de ses camarades que par ses propres idées.

---

1. Le discours d'Étienne relève de l'utopie car il présente un modèle de société parfaite. Le mot «utopie», dans son sens le plus précis, désigne une société idéale et imaginaire – mais souvent donnée pour réalisable.

L'évolution d'Étienne

Zola rappelle que, face aux problèmes sociaux, Étienne a connu une évolution qui l'a conduit d'une attitude d'ordre sentimental à une position purement politique d'ordre intellectuel : «Chez lui, à cette heure, l'évolution était complète. Parti de la fraternité attendrie des catéchumènes, du besoin de réformer le salariat, il aboutissait à l'idée politique de le supprimer» (l. 4-8). En l'occurrence, cette évolution est présentée comme négative. Au départ, Étienne désire simplement soulager la misère des travailleurs par une réforme du salariat, c'est-à-dire une meilleure rétribution du travail. Il s'agit là d'une mesure concrète et de prime abord réalisable. En revanche, l'idée de supprimer le salariat à laquelle Étienne finit par aboutir fait dépendre l'amélioration de la condition ouvrière d'un bouleversement total de la société.

Les prétentions et les insuffisances d'un autodidacte

Pour l'auteur, les nouvelles conceptions politiques d'Étienne s'avèrent d'autant plus contestables qu'elles sont celles d'un autodidacte, d'un homme dépourvu de formation intellectuelle de base et qui s'est progressivement instruit par lui-même. Les lignes consacrées au discours d'Étienne (l. 11-36) sont ponctuées de verbes de déclaration ou d'opinion qui traduisent l'assurance, voire l'aplomb de l'orateur : «il discutait» (l. 11), «il posait» (l. 12) ; «il attaquait» (l. 22), «il réglementait» (l. 23) ; «il jetait bas [...] il reconstruisait» (ces deux verbes étant pris au sens figuré, l. 24 et 27) ; «il avait tout prévu» (l. 34). De même, certaines formulations («D'abord, il posait», l. 11-12, «Puis», l. 13 ; «Cela entraînait», l. 21), semblent établir dans le discours d'Étienne des liens logiques, donnant ainsi le sentiment d'un propos très cohérent. Mais, quand on y regarde de plus près, il est évident que cette organisation n'est qu'apparente, formelle. Ainsi, le personnage pose que «la liberté ne [peut] être obtenue que par la destruction de l'État» (l. 12-13), mais il ne démontre aucunement une telle proposition. Il affirme que, l'État une fois détruit, «les réformes commenceraient» (l. 14-15) mais il ne précise pas les moyens à employer pour mener à bien ce projet.

Enfin, le programme révolutionnaire du jeune homme se présente sous la forme d'une énumération d'objectifs que l'absence de verbes apparente à une série de slogans. Ils sont énumérés sans ordre apparent (l. 15-21), dans un style abstrait qui multiplie les termes économiques et politiques. Zola suggère de la sorte qu'Étienne utilise sans les maîtriser des idées et des vocables tirés de lectures mal assimilées. Ce qui n'empêche pas le jeune homme de ressentir une forte satisfaction d'amour-propre en maniant ce langage savant.

Une jouissance d'amour-propre

Le plaisir vaniteux qu'éprouve Étienne à s'écouter parler est d'ailleurs souligné dès le début du passage : «Étienne chevauchait sa question favorite, l'attribution des instruments de travail à la collectivité, ainsi qu'il le répétait en une phrase, dont la barbarie le grattait délicieusement» (l. 1-4). Il est clair que, dans ce mot d'ordre d'«attribution des instruments de travail à la collectivité», Étienne est surtout sensible, au-delà de l'objectif à atteindre, à la formule elle-même, à un langage dont l'abstraction, la «barbarie» lui permettent de se distinguer des autres mineurs. Étienne semble moins convaincu par des idées précises que grisé par des grands mots qui flattent, de façon presque physique, sa vanité, qui «le gratt[ent] délicieusement». Au point d'ailleurs qu'il finit par rabâcher littéralement les mots en question («chevauchait sa question favorite», «il le répétait», l. 1 et 3).

Le lecteur est ainsi conduit à penser que les positions d'Étienne s'expliquent en partie par son désir de se mettre en valeur.

■■■■■ 2. UN DISCOURS UTOPIQUE

Pourtant, le discours prononcé n'en demeure pas moins intéressant, car il offre une vision globale de ce que pourrait être, pour un ouvrier révolté tel qu'Étienne, une société idéale.

Les caractères d'une utopie ouvrière

Le programme que présente Étienne pour construire cette société nouvelle semble d'abord de nature communiste. En termes économiques, ce programme repose en effet sur l'abolition de la propriété privée des moyens de production et sur leur exploitation au bénéfice de la société tout entière (c'est ce qu'Étienne appelle «l'attribution des instruments de travail à la collectivité», l. 2-3).

Mais, c'est surtout la liberté que le jeune homme semble tenir pour la valeur fondamentale de la société future. Ainsi, il souligne que la fin du salariat, donc de la dépendance des ouvriers envers les patrons, permettra un renforcement de la liberté individuelle («indépendance individuelle grâce à la possession et au produit intégral des outils de travail», l. 18-20). L'objectif d'une liberté maximale, qui passe «par la destruction de l'État» (l. 12-13), implique aussi des changements profonds en ce qui concerne les mœurs, la morale, l'éducation. Étienne préconise ainsi la «substitution d'une famille égalitaire et libre à la famille morale et oppressive» (l. 15-17), ce qui implique une grande liberté de mœurs, brisant le cadre jugé trop étroit du mariage. On le voit, la société sans État et sans morale répressive dont rêve Étienne s'avère surtout d'inspiration anarchiste.

Une utopie d'inspiration anarchiste

Dans cette utopie, liberté et égalité sont bien sûr liées. La suppression du salariat, de l'État et de la famille traditionnelle, éliminant les hiérarchies, aboutit à rendre les individus totalement égaux. Il est donc significatif qu'Étienne, quand il dénonce les tares «de la vieille société pourrie» (l. 22), s'en prenne particulièrement à l'héritage et au droit absolu à la propriété privée («il attaquait [...] le droit de tester [c'est-à-dire le droit de faire un testament], il réglementait la fortune de chacun», l. 22-24). Car c'est là une institution génératrice à la fois d'inégalités et de rapports d'autorité... Dans une perspective analogue, la formule «égalité absolue, civile, politique et économique (l. 17-18) témoigne du souci d'instaurer une égalité véritable qui touche tous les domaines. Non seulement une égalité devant la loi (égalité civile) ou devant les affaires publiques, avec un droit de vote reconnu à tous (égalité politique[1]), mais encore une égalité des ressources et des conditions de vie (l'égalité économique d'une société vraiment fraternelle).

Une vision sublimée et religieuse de la société future

Égalitaire et libre, la «commune primitive» présentée par Étienne est, pour les anarchistes l'organisation sociale à la fois la meilleure possible, et sans doute la première qu'ait connue l'humanité – d'où son nom.

L'expression de «commune primitive» suggère en elle-même la fraternité, la communion entre les membres de la société future. Cette société ne se définit pas seulement, pour le jeune orateur, en termes d'amélioration des conditions d'existence, mais aussi comme incarnation de valeurs supérieures au sein d'une humanité régénérée : «il bâtissait la future humanité, l'édifice de vérité et de justice, grandissant dans l'aurore du vingtième siècle» (l. 28-30). Plus qu'un projet, la société décrite par Étienne se donne pour une illumination («l'aurore»), la révélation d'un idéal quasiment religieux qui finira nécessairement par s'imposer.

D'ailleurs, en prophétisant la société future, Étienne apparaît, démesurément grandi, sous l'aspect d'un faucheur gigantesque qui détermine l'histoire en rasant le passé pour fonder l'avenir : «il jetait bas le monument inique des siècles morts, d'un grand geste de son bras, toujours le même, le geste du faucheur qui rase la moisson mûre ; et il reconstruisait ensuite de l'autre main, il bâtissait la future humanité» (l. 24-28). Cette image lyrique et puissante traduit une certaine admiration de la part de Zola pour son personnage. Admiration qui ne concorde guère avec le portrait que l'ensemble du texte dresse d'Étienne sous les traits d'un agitateur prétentieux.

---

1. Rappelons que si l'égalité civile est reconnue depuis la révolution de 1789, il n'en va pas de même de l'égalité politique, pendant une bonne partie du XIXe siècle. Le suffrage censitaire, c'est-à-dire réservé aux citoyens pouvant justifier d'un certain revenu, ne disparaît définitivement en France qu'à partir de 1848. À cette date, le nombre des électeurs passe de 250 000 seulement à neuf millions.

■■■■■ 3. LE POINT DE VUE DE ZOLA

Une appréciation nuancée et ses raisons

L'ambiguïté du point de vue de Zola sur Étienne et ses propos peut toutefois s'expliquer aisément. En effet, quand il écrit *Germinal,* Zola est convaincu de la nécessité de profondes réformes sociales. D'où une sympathie indéniable pour le fait même qu'Étienne imagine une société idéale – ainsi que pour le fond de sincérité qui anime le jeune homme, par-delà ses défauts. Mais en même temps l'écrivain, en tant qu'humaniste raisonnable, dénonce sinon toute démarche sociale utopique en général, du moins l'insuffisance de la réflexion d'Étienne sur le contenu de son utopie et sur les moyens d'y parvenir.

Les insuffisances d'une utopie

Nous avons déjà vu plus haut (cf. 1, p. 27) comment Zola suggérait l'incohérence du programme d'Étienne. Nous pouvons aussi relever que le jeune homme ne voit pas la contradiction fondamentale dont souffre son projet utopique et qui se résume par la question suivante : comment gérer collectivement les «instruments de travail», les moyens de production déjà considérables au XIXe siècle, dans une société sans autorité[1] et dont l'unité de base est «la commune primitive»? Manifestement, Étienne n'a même pas pressenti le problème. Le jeune homme fait donc preuve d'une irréflexion qui le conduit au fanatisme et à l'assurance naïve de voir ses idées triompher aisément.

Incapable de maîtriser la complexité de la démarche politique dans laquelle il s'est lancé, Étienne la réduit à une certitude simpliste que Zola évoque en termes de trouble mental : «À cette tension cérébrale, la raison chancelait, il ne restait que l'idée fixe du sectaire» (l. 30-31). Entraîné par ce qui devient une véritable obsession, Étienne perd toute distance critique envers ses théories, tout sens des

---

1. Rappelons que la possibilité de concilier gestion collective de l'économie et liberté individuelle a toujours constitué un des problèmes théoriques et pratiques fondamentaux pour le mouvement socialiste.

réalités : «Les scrupules de la sensibilité et de son bon sens étaient emportés, rien ne devenait plus facile que la réalisation de ce monde nouveau» (l. 32-34). Il finit quasiment par délirer, au point de se prendre pour l'organisateur de ce grand bouleversement social : «il avait tout prévu, il en parlait comme d'une machine qu'il monterait en deux heures» (l. 34-36). Au moment le plus intense du discours, la métaphore de la machine (introduite par Zola pour désigner l'instauration de la nouvelle société) rappelle la naïveté, l'immaturité politique de l'ancien mécanicien qu'est Étienne.

Ainsi, Étienne se paye de mots qui lui font croire à une révolution aisée. Il se trompe et en même temps trompe ses camarades, les leurrant d'illusions faciles. Et Zola, à la fin du passage, note avec ironie que les violences révolutionnaires ne coûtent pas grand-chose dans les discours : «et ni le feu, et ni le sang ne lui coûtaient» (l. 36).

■■■■■ CONCLUSION

La suite du roman montrera au contraire quel peut être le coût réel, pour les ouvriers, des violences sociales. À la suite de diverses émeutes, l'armée tirera sur les mineurs en train de manifester, provoquant une véritable tuerie et hâtant la défaite des grévistes (cf. *Germinal* VI, 5, pp. 479-473, éd. Folio).

Le passage que nous venons d'analyser a donc une valeur pédagogique : il permet à Zola de dénoncer les risques que font courir au mouvement ouvrier l'irresponsabilité des meneurs, le manque de préparation et la violence. Toutefois, dans la dizaine de pages qu'il consacre au discours d'Étienne[1], Zola saura également insister sur la grandeur lyrique des propos du jeune homme.

---

1. Voir éd. Folio, pp. 335 à 344.

Étienne annonçant la révolution sociale[1]

– Camarades, vous avez entendu, voilà un de nos anciens, voilà ce qu'il a souffert et ce que nos enfants souffriront, si nous n'en finissons pas avec les voleurs et les bourreaux.

5   Il fut terrible, jamais il n'avait parlé si violemment. D'un bras, il maintenait le vieux Bonnemort, il l'étalait comme un drapeau de misère et de deuil, criant vengeance. En phrases rapides, il remontait au premier Maheu, il montrait toute cette famille usée à
10 la mine, mangée par la Compagnie, plus affamée après cent ans de travail ; et, devant elle, il mettait ensuite les ventres de la Régie, qui suaient l'argent, toute la bande des actionnaires entretenus comme des filles depuis un siècle, à ne rien faire, à jouir de
15 leur corps. N'était-ce pas effroyable ? Un peuple d'hommes crevant au fond de père en fils, pour qu'on paie des pots-de-vin à des ministres, pour que des générations de grands seigneurs et de bourgeois donnent des fêtes ou s'engraissent au coin de leur
20 feu ! Il avait étudié les maladies des mineurs, il les faisait défiler toutes, avec des détails effrayants : l'anémie, les scrofules, la bronchite noire, l'asthme qui étouffe, les rhumatismes qui paralysent. Ces misérables, on les jetait en pâture aux machines, on
25 les parquait ainsi que du bétail dans les corons, les grandes Compagnies les absorbaient peu à peu, réglementant l'esclavage, menaçant d'enrégimenter tous les travailleurs d'une nation, des millions de bras, pour la fortune d'un millier de paresseux. Mais
30 le mineur n'était plus l'ignorant, la brute écrasée dans

---

1. Pages 343-344 dans l'édition Folio.

les entrailles du sol. Une armée poussait des profondeurs des fosses, une moisson de citoyens dont la
semence germait et ferait éclater la terre, un jour de
grand soleil. Et l'on saurait alors si, après quarante
35 années de service, on oserait offrir cent cinquante
francs de pension à un vieillard de soixante ans,
crachant de la houille, les jambes enflées par l'eau des
tailles. Oui! le travail demanderait des comptes au
capital, à ce dieu impersonnel, inconnu de l'ouvrier,
40 accroupi quelque part, dans le mystère de son tabernacle, d'où il suçait la vie des meurt-la-faim qui le
nourrissaient! On irait là-bas, on finirait bien par lui
voir sa face aux clartés des incendies, on le noierait
sous le sang, ce pourceau immonde, cette idole
45 monstrueuse, gorgée de chair humaine!

COMMENTAIRE COMPOSE

■■■ (INTRODUCTION[1])

Ce texte est emprunté, comme le précédent, à l'épisode
au cours duquel Étienne a rassemblé les mineurs en grève
afin de renforcer leur détermination. Il vient de leur faire
jurer qu'ils ne redescendraient pas dans les puits avant
d'avoir obtenu satisfaction. Bonnemort, le père de Maheu,
prend alors la parole. Dans un discours confus, le vieillard
raconte les malheurs de sa longue existence et toutes les
grèves, toujours vaincues, auxquelles il a participé autrefois. Étienne intervient alors à nouveau en présentant les
propos pessimistes du vieux mineur comme autant de
raisons supplémentaires de ne pas abandonner la lutte.

Nous étudierons ce passage, qui rapporte les paroles
d'Étienne, en tant que discours révolutionnaire destiné à
galvaniser une foule de travailleurs. Mais, au-delà, nous
montrerons aussi comment Zola utilise ce discours – dont il
désapprouve pourtant les excès – pour exprimer une vision
mythique, poétique et grandiose de la lutte des classes.

---

1. Voir ci-dessus, p. 18, note 1.

■■■■ (UN DISCOURS RÉVOLUTIONNAIRE)

Étienne prononce son discours afin de renforcer la combativité de ses camarades. Mais il lui faut d'abord effacer l'effet démoralisateur des propos de Bonnemort. Dans cette intention, il commence paradoxalement par renchérir sur les dires du vieil homme. Il présente ainsi la condition des mineurs comme un destin inévitable frappant, l'une après l'autre, chaque génération de charbonniers : «Voilà un de nos anciens, voilà ce qu'il a souffert et ce que nos enfants souffriront» (l. 1-3). Étienne cherche ainsi à créer chez son auditoire un mouvement d'exaspération propice à la révolte, avant de proposer justement, comme seul moyen de rompre la fatalité de la misère, le soulèvement contre les exploiteurs.

Or, en disant cela, Étienne désigne comme responsables de la misère ouvrière non plus une fatalité inaccessible, mais des coupables précis contre lesquels peut se cristalliser la colère. Ces coupables sont les possédants qu'Étienne qualifie de «voleurs» et de «bourreaux» (l. 3-4) pour bien montrer qu'ils imposent au peuple, afin de l'exploiter, une vie de détresse et qu'ils répriment avec cruauté ses légitimes protestations. D'ailleurs, si une famille comme les Maheu est toujours «affamée après cent ans de travail» (l. 10-11), c'est, sous-entend Étienne, qu'elle n'a pas touché la juste rétribution de son labeur : elle a bel et bien été volée. Au long du passage, l'assimilation des bourgeois à des truands permet à l'orateur de jouer sur les réflexes moraux de la foule. Ainsi, selon Étienne, les riches forment, tels des hors-la-loi, une bande, «la bande des actionnaires» (l. 13) ; ils sont «entretenus comme des filles» (l. 13-14), c'est-à-dire des prostituées; ils sont «paresseux» (l. 29) et corrompus puisqu'ils donnent ou acceptent «des pots-de-vin» (l. 17). En bref, ce sont des parasites égoïstes qui enchaînent les «misérables» (l. 24) à un travail terrible et s'approprient les fruits de ce travail uniquement pour vivre dans l'abondance et «jouir de leur corps» (l. 14-15). Étienne insiste évidemment sur cette idée insupportable : le dur labeur des ouvriers n'est exploité que dans un objectif mesquin, celui de procurer une existence de luxe à une minorité («N'était-ce pas effroyable? un peuple d'hommes crevant au fond de père en fils [...] pour que des générations de grands seigneurs ou de bourgeois donnent des fêtes ou s'engraissent au coin de leur feu!», l. 15-20)

Tout en parlant de manière à soulever l'indignation des mineurs contre les bourgeois, Étienne cherche aussi à rendre plus présente encore à ceux qui l'écoutent l'horreur de leur situation. Il évoque ainsi la faim toujours présente («affamée» l. 10), le caractère épuisant et dangereux d'un travail qui «us[e]» (l. 9) les hommes. Il fait défiler «les maladies des mineurs [...] avec des détails effrayants : l'anémie, les scrofules[1], la bronchite noire, l'asthme qui étouffe, les rhumatismes qui paralysent» (l. 20-33). L'énumération suggère que toutes ces maladies s'entendent pour attaquer les fonctions vitales de l'homme (le souffle, le mouvement). Enfin, Étienne n'hésite pas à utiliser l'exemple vivant du vieux Bonnemort. En le désignant, il montre ce qu'une vie de travail à la mine fait d'un homme : «un vieillard [...] crachant de la houille, les jambes enflées par l'eau des tailles» (l. 36-38).

L'intervention d'Étienne tient donc du réquisitoire contre les exploiteurs et de la plaidoirie pour leurs victimes. Divers procédés rhétoriques ou stylistiques donnent à ces paroles enflammées une efficacité accrue. Ainsi, une formulation interro-négative («N'était-ce pas effroyable?», (l. 15) et diverses phrases exclamatives (cf. l. 15-20 et 38-42) sollicitent l'adhésion de l'auditoire et des lecteurs. Étienne s'exprime en outre avec des images frappantes que nous étudierons en détail un peu plus loin. Enfin, pour être passionné, ce discours n'en est pas moins organisé. L'orateur met d'abord en parallèle la détresse ouvrière et le comportement des exploiteurs (l. 1 à 29), puis il oppose aux ouvriers d'autrefois, ignorants, résignés, les nouvelles générations de travailleurs, plus instruites, prêtes à la lutte (l. 29-38). Et il termine précisément par une évocation de la révolution future (l. 38-45) présentée comme imminente («Oui! le travail demanderait des comptes au capital» (l. 38-39). L'enchaînement des idées paraît évident, indiscutable, tout à fait susceptible d'emporter l'assistance en un mouvement irrésistible de révolte.

Il resterait à se demander si Zola partage les opinions radicales développées par son personnage. La suite du

---

1. Abcès dus à la malnutrition et/ou à la tuberculose.

roman montrera que la révolte violente n'est pas une solution pour améliorer le sort des travailleurs. Mais déjà, dans le passage qui nous intéresse, Zola présente le discours d'Étienne en des termes chargés d'une certaine désapprobation : «Il fut terrible, jamais il n'avait parlé si violemment» (l. 5). Et pourtant l'intervention du jeune homme est rapportée pour l'essentiel (l. 15-45) en style indirect libre[1], lequel marque généralement une fusion entre le point de vue de l'écrivain et les propos attribués au personnage.

Si Zola condamne la violence en tant que moyen politique, il nourrit, dans sa sensibilité d'artiste, une vision lyrique et brutale des conflits de classe. Vision qui l'effraie peut-être, qui le fascine surtout et qu'il dessine à travers les propos d'Étienne.

▄▄▄▄▄▄ (UNE VISION EXTRÊME ET POÉTIQUE DE LA LUTTE DES CLASSES)

À cet égard on ne peut qu'être frappé par le caractère irréductible que le texte donne à l'opposition entre prolétariat et bourgeoisie.

Cette opposition s'exprime d'ailleurs syntaxiquement : certaines phrases, surtout dans les lignes 8 à 20, sont construites, afin de produire un vigoureux effet de contraste, sur un parallèle entre pauvres et riches (citons l'exemple suivant : Étienne «montrait toute cette famille [les Maheu] usée à la mine, [...] affamée [...] ; et, devant elle, il mettait ensuite les ventres de la Régie», l. 9-12). Mais la différence absolue entre exploités et exploiteurs est traduite aussi par le vocabulaire choisi pour décrire les deux classes sociales. Les mineurs sont définis comme des «hommes» (l. 16), avec leurs «anciens» (l. 2) et leurs «enfants» (l. 2). Les possédants, au contraire, sont définis par leur parasitisme immoral et par leur statut social : ils n'ont pas droit au nom d'homme, mais à ceux d'«action-

---

1. Forme intermédiaire entre le discours direct et le discours indirect. Le narrateur, sans donner entièrement la parole au personnage, supprime les verbes introducteurs propres au discours indirect et intègre à son propre discours certaines formulations du personnage. Ex. : «N'était-ce pas effroyable?» (l. 15).

naires» (l. 13), de «ministres» (l. 17), de «grands seigneurs», de «bourgeois» (l. 18). Le lecteur a presque l'impression qu'ouvriers et possédants appartiennent à des espèces différentes. Vers la fin du texte, les deux groupes sociaux sont désignés par des termes abstraits («le travail», «le capital», l. 38-39), qui les assimilent à des forces homogènes, fatalement ennemies.

Cependant, le prolétariat est moins assimilé que la bourgeoisie à une grande entité abstraite. Le texte rappelle toujours la dimension personnelle des travailleurs, même envisagés en tant que classe. Ainsi, Étienne fait de Bonnemort l'emblème de la classe ouvrière. C'est un homme précis qu'Étienne transforme en symbole quand il «l'étal[e] comme un drapeau de misère et de deuil» (l. 7); c'est ce même homme qu'il désigne pour preuve du cynisme des possédants qui osent «offrir cent cinquante francs de pension à un vieillard [...] crachant de la houille» (l. 35-37). En revanche, tout au long de l'extrait, les bourgeois semblent n'exister qu'au travers de vastes institutions anonymes («la Compagnie», l. 10; «la Régie», l. 12; «les grandes Compagnies», l. 26).

Ainsi l'opposition entre prolétariat et bourgeoisie se manifeste ici par l'opposition entre des hommes, d'une part, et des forces, des êtres qui ne sont pas vraiment humains, d'autre part. Qualifiés de bandits, les bourgeois sont de plus, à maintes reprises dans l'extrait, dépeints comme des monstres réduits à leur féroce appétit et à leur fonction digestive. Ils semblent faits, non de chair humaine, mais de toutes les richesses qu'ils ont volées. Le lexique et les images utilisés par Zola transforment en ogres ces bourgeois et en énormes créatures voraces les «grandes Compagnies» qu'ils possèdent. Parallèlement, les ouvriers apparaissent à la fois comme les esclaves et la nourriture de ces êtres immondes : ils sont «absorbés» par les Compagnies qui «réglement[ent] l'esclavage, menaçant d'enrégimenter tous les travailleurs d'une nation» (l. 27-28); ils sont «parqu[és] ainsi que du bétail dans les corons» (l. 25); ils sont «jet[és] en pâture aux machines» (l. 24). Et Zola n'hésite pas à faire dire à Étienne que la famille Maheu est «mangée par la Compagnie» (l. 10).

Ces images servent bien sûr à traduire très intensément l'idée selon laquelle les possédants s'enrichissent en maintenant le peuple dans la misère et la faim. Mais lesdites images permettent aussi à l'écrivain d'assimiler l'opposition entre classes sociales au phénomène naturel d'un conflit entre deux espèces animales antagonistes dont l'une se développe en «mangeant» l'autre. S'inspirant du naturaliste anglais Darwin, Zola compare ici la société humaine à un champ de bataille où les êtres et les groupes s'affrontent nécessairement pour vivre et dominer.

▰▰▰▰ (UNE IMAGE PROPHÉTIQUE D'UNE RÉVOLUTION INÉVITABLE)

La révolution elle-même est d'ailleurs présentée par l'écrivain comme un processus naturel, donc irréversible; le processus de la germination (lequel fournit au roman son titre : *Germinal*[1]). À travers les paroles d'Étienne, Zola fait de la condition ouvrière et des profondeurs de la mine une terre fertile, la matrice d'un peuple accédant à la liberté : «Une armée poussait des profondeurs des fosses, une moisson de citoyens dont la semence germait et ferait éclater la terre, un jour de grand soleil» (l. 31-34). À travers cette image de germination, la révolution se définit surtout comme une naissance à la clarté, à l'intelligence : le mineur cesse d'être «l'ignorant, la brute écrasée dans les entrailles du sol» (l. 30-31) pour devenir «citoyen» (l. 32), c'est-à-dire homme responsable, apte à participer à la vie publique. Il naît au «grand soleil» (l. 34), c'est-à-dire à la lumière de l'espoir et de la raison. Il naît en faisant «éclater la terre» (l. 33), c'est-à-dire en bouleversant l'ordre antérieur du monde qui a permis à la Révolution de germer, mais que la Révolution doit renverser.

Il est donc clair que si Zola pense la révolution en termes de phénomène naturel, il lui attribue aussi une autre dimension : morale, intellectuelle et, nous allons le voir, religieuse. À la fin du passage, en effet, la bourgeoisie, totalement assimilée au «capital», n'apparaît plus seulement comme un monstre vorace, mais sous les traits d'une

1. «Germinal» est le nom du septième mois du calendrier républicain de la Révolution française (21 mars - 18, 19 avril). C'est le mois de la germination, du début du printemps.

divinité insatiable. Le texte fait du «capital» un dieu barbare, mystérieux comme peuvent l'être, pour des gens simples, les lois de l'économie de marché. Il s'agit d'un «dieu impersonnel, inconnu de l'ouvrier, accroupi quelque part, dans le mystère de son tabernacle, d'où il suc[e] la vie des meurt-la-faim qui le nourriss[ent]», d'un «pourceau immonde», d'une «idole monstrueuse, gorgée de chair humaine» (l. 39-45). Le vocabulaire employé rappelle celui dont use la littérature fantastique pour évoquer les vampires ou celui qu'utilise la Bible pour parler de dieux païens tels que Baal, auquel les Phéniciens sacrifiaient des enfants. De toute évidence, Zola entend désigner ici le capital comme une incarnation du Mal. Et par là même, il élève l'affrontement entre prolétariat et bourgeoisie au niveau d'un mythe, celui du combat éternel entre les forces du Bien et les forces du Mal. Rien d'étonnant donc à ce que la révolution s'apparente, dans les dernières lignes de l'extrait (l. 42-45), à l'Apocalypse (ce terme désigne la destruction violente, prophétisée par la Bible, du monde terrestre, matériel et corrompu, lequel sera remplacé par un univers spirituel de justice et d'amour). Comme dans le texte biblique, c'est «aux clartés des incendies» et sous le «sang» (l. 43-44) que les puissances du Bien, ici les armées ouvrières surgies «des profondeurs des fosses» (l. 31-32), vont anéantir la société ancienne et son dieu cruel, le capital, dans l'espoir de bâtir un monde meilleur.

■■■■ (CONCLUSION)

À travers les paroles qu'il prête à Étienne, et dont il condamne théoriquement la teneur, Zola laisse libre cours à sa fascination pour les images d'Apocalypse et la puissance des phénomènes naturels. Il exprime par là une vision profondément poétique du monde, d'un monde où les classes sociales sont pareilles à des espèces animales qui s'entredévorent, où les phénomènes historiques s'apparentent au cycle des saisons et où la révolte contre l'exploitation des pauvres semble donc relever à la fois de la morale et des lois naturelles.

Le déferlement de l'émeute ouvrière[1]

Les femmes avaient paru, près d'un millier de femmes, aux cheveux épars, dépeignés par la course, aux guenilles montrant la peau nue, des nudités de femelles lasses d'enfanter des meurt-de-faim. Quel-
5 ques-unes tenaient leur petit entre les bras, le soulevaient, l'agitaient, ainsi qu'un drapeau de deuil et de vengeance. D'autres, plus jeunes, avec des gorges gonflées de guerrières, brandissaient des bâtons; tandis que les vieilles, affreuses, hurlaient si fort, que
10 les cordes de leurs cous décharnés semblaient se rompre. Et les hommes déboulèrent ensuite, deux mille furieux, des galibots, des haveurs, des raccommodeurs, une masse compacte qui roulait d'un seul bloc, serrée, confondue, au point qu'on ne distinguait
15 ni les culottes déteintes, ni les tricots de laine en loques, effacés dans la même uniformité terreuse. Les yeux brûlaient, on voyait seulement les trous des bouches noires, chantant *La Marseillaise,* dont les strophes se perdaient en un mugissement confus,
20 accompagné par le claquement des sabots sur la terre dure. Au-dessus des têtes, parmi le hérissement des barres de fer, une hache passa, portée toute droite; et cette hache unique, qui était comme l'étendard de la bande, avait, dans le ciel clair, le profil aigu d'un
25 couperet de guillotine.

– Quels visages atroces! balbutia Mme Hennebeau.

Négrel dit entre ses dents:

– Le diable m'emporte si j'en reconnais un seul! D'où sortent-ils donc, ces bandits-là?

---

1. Pages 405-406 dans l'édition Folio.

■■■■ SITUATION

Lors de la réunion du Plan-des-Dames[1], Étienne a convaincu ses camarades d'imposer la grève dans les puits où certains ouvriers travaillent encore. Mais cette action dégénère en émeute. Les grévistes saccagent plusieurs fosses puis se mettent à courir la région, cherchant des magasins à piller.

Surprises par l'approche de l'émeute, des personnes de condition aisée, en promenade dans la campagne, se dissimulent dans une grange. Il y a là, entre autres, l'ingénieur Négrel et l'épouse du directeur de la mine, Mme Hennebeau. Effrayés, ces bourgeois[2] regardent, entre les planches disjointes de la grange, passer la foule houleuse des grévistes.

■■■■ COMPOSITION ET MOUVEMENT

Le premier paragraphe du texte (l. 1-25) est consacré uniquement à la description de la foule, présentée au fur et à mesure de son passage. Suit un bref dialogue (l. 26-29) où l'écrivain traduit les réactions apeurées des bourgeois.

Le texte est donc essentiellement descriptif. Aussi faut-il d'emblée souligner que cette description ne s'effectue pas selon un point de vue neutre : pour présenter les émeutiers, Zola adopte l'angle de vision des bourgeois. Au lieu de suivre la colonne grondante de grévistes, l'écrivain nous montre son passage à partir d'un point fixe, la grange, où Mme Hennebeau et ses amis se cachent. Il peut ainsi offrir de la bande des grévistes une vision d'autant plus farouche qu'elle est celle de témoins effrayés.

---

1. Voir ci-dessus, p. 25.
2. Voir ci-dessus, p. 19, note 1.

■■■■■■ ÉTUDE SUIVIE

Le déferlement des mineurs
(l. 1-25)

● **Lignes 1 à 11**

Ce sont d'abord les femmes des mineurs qui apparaissent en tête de la cohue : «Les femmes avaient paru» (l. 1). Le choix du verbe «paraître» montre bien que c'est à partir d'un point fixe, la grange mentionnée plus haut, que s'effectue la description. Quant au plus-que-parfait («avaient paru»), il traduit l'élan des émeutières : débouchant sans doute d'un détour de la route, elles courent si vite qu'elles semblent surgir du néant.

Ces femmes sont d'abord dépeintes sous la forme d'une foule indifférenciée, partageant les mêmes caractéristiques. Il s'agit «d'un millier de femmes, aux cheveux épars, dépeignés par la course, aux guenilles montrant la peau nue, des nudités de femelles lasses d'enfanter des meurt-de-faim» (l. 1-4). L'écrivain procède ici par accumulation de brèves observations visuelles : cela donne à la phrase un rythme emporté qui traduit l'élan furieux de l'émeute. Les notations sur les «cheveux épars, dépeignés par la course» concourent aussi à rendre le mouvement qui emporte les femmes, tout en suggérant leur sauvagerie. L'insistance sur la semi-nudité des émeutières («guenilles»; «peau nue»; «nudités») et l'emploi du terme «femelles» pour les désigner contribuent encore à présenter ces femmes comme des créatures sauvages, sans pudeur, quasi animales. D'ailleurs, le texte souligne qu'elles sont poussées non par des motifs réfléchis, d'ordre politique, mais par un réflexe du corps et de l'instinct maternel – par lassitude «d'enfanter des meurt-de-faim».

Aussi, quand Zola se met à distinguer plusieurs catégories dans la masse des femmes, est-ce fort logiquement par les mères qu'il commence : «Quelques-unes tenaient leur petit entre les bras, le soulevaient, l'agitaient, ainsi qu'un drapeau de deuil et de vengeance» (l. 4-7). Ces mères sont les plus déterminées à s'insurger car elles refusent la misère non seulement pour elles-mêmes mais surtout pour leurs «petits». Elles paraissent donc guider le mouvement en agitant les raisons vivantes de leur lutte : leurs propres enfants.

Après les mères, Zola décrit d'autres femmes qui apparaissent comme des combattantes chargées d'abattre une société injuste : «D'autres, plus jeunes, avec des gorges gonflées de guerrières, brandissaient des bâtons» (l. 7-8). L'expression «gorges gonflées de guerrières» suggère des torses et des cous puissants enflés d'une rage que traduit une sourde allitération en g («gorges», «gonflées», «guerrières»). Globalement, l'assimilation des plus jeunes femmes à des guerrières évoque des mythes tels que celui des Amazones ; ce qui donne au texte un climat héroïque et légendaire.

Enfin, la peinture des émeutières s'achève sur les plus âgées d'entre elles : «les vieilles, affreuses, hurlaient si fort, que les cordes de leurs cous décharnés semblaient se rompre» (l. 9-11). L'adjectif «affreuses» confère à ces vieilles un aspect monstrueux de sorcières ou de Furies – ces divinités gréco-latines censées poursuivre les criminels en hurlant des malédictions. Sans doute dépourvues de l'espoir qui anime leurs compagnes plus jeunes, les vieilles émeutières ne sont mues que par la colère et la soif de vengeance. Leur corps lui-même semble n'exister qu'en fonction du cri de rage qu'elles poussent, comme en témoignent «leurs cous décharnés», réduits à des tendons, à des «cordes».

Prise dans son ensemble, la description des émeutières rappelle, en particulier, des tableaux allégoriques tels que *La Liberté guidant le peuple* de Delacroix[1]. On y voit une femme demi-nue, incarnation de la liberté, entraîner sur une barricade une foule en colère. D'ailleurs, la présence des femmes en tête de l'émeute n'est pas sans rappeler le rôle des Parisiennes de condition populaire lors de quelques grands épisodes de la Révolution française[2].

Ainsi, par le caractère puissamment visuel de la description et la présence d'allusions mythologiques ou historiques, l'auteur a créé dans ce passage le climat de sauva-

---

1. Delacroix (1798-1863) : grand peintre, célèbre pour le mouvement et le lyrisme de ses toiles. *La Liberté guidant le peuple* date de 1831.
2. Notamment la journée du 5 octobre 1789 où la foule parisienne ramena de Versailles à Paris la famille royale.

gerie et d'héroïsme propre à l'épopée[1], climat qui se maintient d'ailleurs dans la suite du texte.

● **Lignes 11 à 25**

Après la description des femmes, Zola s'attache à celle des hommes qui déferlent derrière elles (l. 11-25). Il souligne d'abord la rapidité de leur marche : «les hommes déboulèrent ensuite» (l. 11). Le brusque surgissement des hommes est rendu par l'utilisation du passé simple («déboulèrent») et par le choix même du verbe «débouler». Ce verbe signifiant «arriver très vite comme en roulant» tend de surcroît à assimiler cette foule à une sorte d'avalanche confuse. Sans doute, Zola distingue-t-il d'emblée diverses catégories de mineurs : «des galibots, des haveurs, des raccommodeurs[2]», l. 12-13). Mais ces mineurs sont tous emportés par un identique sentiment (ce sont «deux mille furieux», l. 11-12). Et surtout ils se fondent en une coulée homogène, en une même matière décrite comme «une masse compacte qui roulait d'un seul bloc, serrée, confondue, au point qu'on ne distinguait ni les culottes déteintes, ni les tricots de laine en loques, effacés dans la même uniformité terreuse» (l. 13-16). De nombreux mots («serrée», «confondue», «effacés», «uniformité») expriment la dissolution de l'individu dans la «masse» impersonnelle de la foule. D'autres formulations («roulait d'un seul bloc», «terreuse») définissent cette foule comme une sorte de glissement de terrain. Ainsi, les mineurs semblent faits de la terre dans laquelle ils travaillent. Et leur protestation prend l'allure d'un cataclysme géologique, selon le procédé, fréquent dans l'épopée, du rapprochement entre actions humaines et forces naturelles.

Cette foule compacte des mineurs chantant *La Marseillaise,* ces «bouches noires» et ces yeux brûlants, qui

---

1. Long poème narratif dont le but est de célébrer un héros, un grand fait, une série d'exploits, généralement guerriers. Par extension, le mot s'emploie pour désigner des œuvres ou passages romanesques présentant sur un ton lyrique des actions violentes et grandioses.
2. «Galibots» : jeunes apprentis mineurs.
«Haveurs» : mineurs qui extraient le minerai en creusant le front de ce charbon.
«Raccommodeurs» : ouvriers attachés à l'entretien des galeries, des voies de wagonnets et des boisages.

rappellent le charbon et le feu[1] de la mine, traduisent la flamme de la révolte embrasant les émeutiers. Flamme qu'attise l'hymne d'une révolution passée, qui devient en fait ici l'hymne annonciateur d'une révolution future. Et même si les paroles du chant révolutionnaire[2] se perdent «en un mugissement confus, accompagné par le claquement des sabots sur la terre dure» (l. 19-21), l'évocation ne perd rien de son dynamisme brutal. Les mots «mugissement» et «sabot» (avec son double sens de chaussures de bois et d'extrémité cornée de pied d'animal) transforment l'émeute en charge de bêtes furieuses, c'est-à-dire encore une fois en un phénomène naturel incontrôlable et menaçant.

D'ailleurs, cette menace se précise aussitôt, quand Zola concentre la vision sur un détail qui cristallise toute la violence de la scène : «Au-dessus des têtes, parmi le hérissement des barres de fer, une hache passa, portée toute droite» (l. 21-22). Contrastant avec l'image agressive mais désordonnée du «hérissement des barre de fer», l'apparition de cette seule hache, «portée toute droite», produit un effet saisissant. Susceptible de constituer en elle-même une arme ou un instrument de supplice (alors que les barres de fer ne sont que des outils agités comme des armes), la hache en question évoque une atmosphère de tuerie que renforcent les dernières lignes du paragraphe : «cette hache [...], qui était comme l'étendard de la bande, avait, dans le ciel clair, le profil aigu d'un couperet de guillotine» (l. 23-25). L'assimilation de la hache à un étendard souligne que le mouvement des mineurs s'effectue sous le signe de la violence. Et le rapprochement entre cette hache et «un couperet de guillotine», en rappelant les exécutions massives d'aristocrates sous la Révolution française, semble prophétiser un prochain massacre des bourgeois par une révolution ouvrière triomphante. En ce sens, la place du mot «guillotine» en fin de paragraphe

---

1. Le feu est omniprésent dans la mine, aussi bien dans le foyer de certaines machines que sous forme de grisou ou d'incendies souterrains.
2. Rappelons que *L'Internationale* (paroles d'Eugène Pottier ; musique de Pierre Degeyter) fut exécutée pour la première fois à la fête des travailleurs de Lille (1888). Jusque-là *La Marseillaise* était restée le grand hymne révolutionnaire du XIXe siècle, y compris pour le mouvement ouvrier naissant.

accentue encore l'effet de menace. Tandis que l'expression «profil aigu» (l. 24), qui désigne par métaphore le tranchant de la hache, évoque le visage hideux d'une révolution sanglante.

La réaction des privilégiés (l. 26-29)

La vision que nous venons d'évoquer est d'autant plus inquiétante qu'elle est d'abord celle qui s'offre aux privilégiés cachés dans leur abri. Les réactions de ces derniers sont donc essentiellement marquées par le désarroi et la terreur : «Quels visages atroces! balbutia Mme Hennebeau» (l. 26). Le verbe «balbutier» traduit l'intensité d'une frayeur qui fait perdre au personnage le contrôle de son élocution. Quant à la formule «visages atroces», appliquée aux émeutiers, elle rappelle les mots «profil aigu» utilisés plus haut à propos de la hache comme s'il y avait une ressemblance entre cette arme et les figures des mineurs. Les paroles que l'ingénieur Négrel «dit entre ses dents» (l. 27), où l'on perçoit crainte et colère mêlées, expriment la stupeur du chef qui ne reconnaît plus ses anciens subordonnés dans les révoltés fous de rage en marche sous ses yeux : «– Le diable m'emporte si j'en reconnais un seul! D'où sortent-ils donc, ces bandits-là?» (l. 28-29).

▆▆▆▆ CONCLUSION

Ce texte est un bon témoignage du style épique de Zola et, en particulier, de son aptitude à faire vivre une foule sous la forme d'un personnage collectif. La recherche d'un équivalent littéraire à l'art pictural accroît aussi l'intérêt du passage.

Notons enfin que l'émeute décrite par le texte est, dans la progression du roman, le point de départ d'un engrenage de la violence qui aboutit à l'écrasement de la grève, vaincue à la fois par la faim et la répression militaire.

■ Plan pour un commentaire composé

1. L'ÊTRE UNIQUE DE LA FOULE

a) Une foule emportée par un élan irrésistible (cf. p. 43).

b) Des catégories diverses d'émeutiers qui se fondent dans une masse indifférenciée (cf. pp. 43-44, 45).

c) L'assimilation de la foule à une coulée de terre, à un cataclysme naturel (cf. p. 45).

2. UNE VISION MENAÇANTE

a) Une manifestation vue à travers le regard de bourgeois apeurés (cf. p. 47).

b) Une description qui multiplie les éléments agressifs : bâtons des femmes (cf. p. 44), vacarme, «hérissement des barres de fer», symbolisme de la hache (cf. p. 46).

3. UN TABLEAU ÉPIQUE

a) Des références historiques et mythologiques qui donnent à la scène une dimension héroïque (cf. p. 44).

b) La recherche d'un aspect visuel grandiose fondé sur le mouvement et les contrastes (cf. pp. 44, 46).

Le sabotage du Voreux[1]

D'abord, il[2] tâtait de la main, puis il travaillait, n'enflammant une allumette que lorsqu'il s'égarait, au milieu de ces poutres gluantes. Après avoir desserré les vis, il s'attaqua aux pièces mêmes; et le péril
5 grandit encore. Il avait cherché la clef, la pièce qui tenait les autres; il s'acharnait contre elle, la trouait, la sciait, l'amincissait, pour qu'elle perdît de sa résistance; tandis que, par les trous et les fentes, l'eau qui s'échappait en jets minces l'aveuglait et le trem-
10 pait d'une pluie glacée. Deux allumettes s'éteignirent. Toutes se mouillaient, c'était la nuit, une profondeur sans fond de ténèbres.

Dès ce moment, une rage l'emporta. Les haleines de l'invisible le grisaient, l'horreur noire de ce trou
15 battu d'une averse le jetait à une fureur de destruction. Il s'acharna au hasard contre le cuvelage, tapant où il pouvait, à coups de vilebrequin, à coups de scie, pris du besoin de l'éventrer tout de suite sur sa tête. Et il y mettait une férocité, comme s'il eût
20 joué du couteau dans la peau d'un être vivant, qu'il exécrait. Il la tuerait à la fin, cette bête mauvaise du Voreux, à la gueule toujours ouverte, qui avait englouti tant de chair humaine! On entendait la morsure de ses outils, son échine s'allongeait, il
25 rampait, descendait, remontait, se tenant encore par miracle, dans un branle continu, un vol d'oiseau nocturne au travers des charpentes d'un clocher.

Mais il se calma, mécontent de lui. Est-ce qu'on ne pouvait faire les choses froidement? Sans hâte, il

---

1. Pages 514-515 dans l'édition Folio.
2. Il s'agit de Souvarine, mécanicien et révolutionnaire anarchiste.

30 souffla, il rentra dans le goyot des échelles, dont il
boucha le trou, en replaçant le panneau qu'il avait
scié. C'était assez, il ne voulait pas donner l'éveil par
un dégât trop grand, qu'on aurait tenté de réparer
tout de suite. La bête avait sa blessure au ventre, on
35 verrait si elle vivait encore le soir; et il avait signé, le
monde épouvanté saurait qu'elle n'était pas morte de
sa belle mort. Il prit le temps de rouler méthodiquement les outils dans sa veste, il remonta les échelles
avec lenteur. Puis, quand il fut sorti de la fosse sans
40 être vu, l'idée d'aller changer de vêtements ne lui vint
même pas. Trois heures sonnaient. Il resta planté sur
la route, il attendit.

PLAN RÉDIGÉ

(pour un commentaire composé ou une lecture méthodique en vue
de l'oral)

■■■■■ INTRODUCTION

L'anarchiste russe Souvarine, mécanicien et camarade
d'Étienne, décide, alors que la grève s'achève et que les
mineurs reprennent le travail, de saboter le puits du Voreux.
Souvarine, aristocrate devenu ouvrier par un idéal fanatique
de justice, représente dans le roman la conception violente
et destructrice de la révolution. Ce texte nous le montre
dans les profondeurs du Voreux en train d'endommager le
cuvelage, c'est-à-dire la charpente en forme de tonneau qui
isole le puits des terrains meubles et des nappes d'eau
souterraines.

■■■■■ 1. LE COMBAT
DE SOUVARINE
ET DE LA «BÊTE»

Le sabotage qu'effectue Souvarine n'est pas seulement
décrit d'un point de vue technique et matériel; ce sabotage
apparaît surtout comme un affrontement entre le jeune
anarchiste et le puits assimilé à une créature vivante.

L'agression acharnée de Souvarine

Souvarine effectue son sabotage avec une ardeur opiniâtre qui témoigne d'une haine personnelle contre le Voreux. Cet acharnement se manifeste d'abord par la façon dont il détériore avec obstination le cuvelage malgré l'obscurité : «D'abord, il tâtait de la main, puis il travaillait» (l. 1). L'emploi de l'imparfait, la juxtaposition des propositions traduisent une activité poursuivie sans relâche ni hésitation.

De manière générale, Zola met systématiquement en évidence la combativité haineuse de Souvarine. Le verbe «s'attaquer» («s'attaqua aux pièces»; l. 4) combine le sens figuré de «commencer à travailler» et le sens propre d'«agresser». La description du saboteur en train d'affaiblir la poutre maîtresse du cuvelage évoque la fureur d'un combattant contre un ennemi : «il s'acharnait contre elle, la trouait, la sciait, l'amincissait» (l. 6-7). D'ailleurs, Souvarine, d'ordinaire très maître de lui, finit par se laisser dominer par la rage : «une rage l'emporta [...] Il s'acharna au hasard contre le cuvelage, tapant où il pouvait, à coups de vilebrequin, à coups de scie» (l. 13-18). L'usage, pour la deuxième fois dans le texte, du verbe «s'acharner», la répétition de l'expression «à coups de» introduisant à chaque reprise un outil différent marquent l'emportement de Souvarine, cherchant à blesser le puits de toutes les manières possibles. La formulation «comme s'il eût joué du couteau dans la peau d'un être vivant» (l. 19-20) achève d'apparenter l'action du jeune anarchiste à un combat avec le Voreux, voire à une torture infligée à ce dernier.

La riposte du Voreux

Le puits, toutefois, semble se défendre énergiquement avec ses moyens propres. L'enchevêtrement des poutres constitue un labyrinthe qui déroute parfois Souvarine : «il s'égarait, au milieu de ces poutres gluantes» (l. 2-3). L'adjectif «gluant», qui traduit l'extrême humidité de la charpente, évoque un piège ou les écœurants sucs gastriques d'un gigantesque estomac[1]. Les abondants ruissellements d'eau qui tombent sur Souvarine semblent aussi dirigés volontairement contre lui. Ainsi que le montre l'emploi de «tandis que» (l. 8), c'est au moment où il s'attaque à la poutre maîtresse que les écoulements d'eau semblent le gêner le plus, comme si le puits avait deviné la gravité de l'agression : «par les trous et les fentes, l'eau qui s'échappait en jets minces l'aveuglait et le trempait d'une pluie glacée. Deux allumettes s'éteignirent. Toutes se mouillaient» (l. 8-11). Cette eau qui aveugle Souvarine, soit directement en inondant son visage, soit indirectement en éteignant ses allumettes paraît bel et bien clairement obéir à une intention délibérée.

L'animalisation des combattants

Souvarine, dans sa fureur, voit le Voreux comme un animal monstrueux. Cette vision s'exprime à travers les propos rageurs que tient intérieurement le mécanicien, enflammé par sa haine contre le puits : «Il la tuerait à la fin, cette bête mauvaise du Voreux, à la gueule ouverte, qui avait englouti tant de chair humaine!» (l. 21-23). Toutefois, l'utilisation dans cette phrase du style indirect libre[2] montre que l'image animalisée du Voreux n'est pas seulement celle de Souvarine mais qu'elle appartient aussi au narrateur. Récurrente d'ailleurs tout au long du roman, cette image est développée ici avec force détails; le Voreux est «un être vivant», une «bête» (l. 20-21), son cuvelage est une «peau» (l. 20); il «englouti[t] [la] chair humaine» (l. 23), c'est-à-dire, métaphoriquement les mineurs, comme le feraient le Minotaure ou un dragon. Et le sabotage inflige à cette créature une «blessure au ventre» (l. 34); le ventre étant, dans de nombreuses légendes, la partie la plus fragile du corps des dragons[3], le monstre ne mourra donc pas «de sa belle mort» (l. 36).

À l'animalisation du Voreux répond celle de Souvarine.

---

1. L'assimilation du Voreux à un monstre vorace, ou même au tube digestif d'un tel monstre est fréquente, voire systématique, du début à la fin du roman.
2. Voir p. 37, note 1.
3. Ainsi, dans l'iconographie chrétienne, il est fréquent de voir des dragons renversés sur le dos, le ventre écrasé par le pied ou percé par la lance d'un saint tel que saint Georges, par exemple.

Diverses formulations rapprochent explicitement Souvarine et le règne animal. Ainsi, ses outils sont assimilés à une mâchoire, à des dents («on entendait la morsure de ses outils», l. 23-24). Son dos est désigné par le terme «échine» («son échine s'allongeait», l. 24) ce qui tend à lui donner l'aspect d'un félin, d'un fauve. Enfin, ses mouvements dans le puits sont définis comme «un vol d'oiseau nocturne au travers des charpentes d'un clocher» (l. 26-27). À travers la métaphore de «l'oiseau nocturne», généralement réputé de mauvais augure, Souvarine apparaît comme un être inhumain, insaisissable et maléfique.

■■■■ 2. UN ANGE DE LA MORT

Métaphoriquement apparenté à une créature ailée, Souvarine est présenté ici comme une sorte d'ange de la mort. Tout au long du roman, ce personnage apparaît comme un être différent des autres, mélange inquiétant de pureté, d'indifférence aux sentiments humains et d'idéalisme fanatique dans ses conceptions révolutionnaires.

Une attitude froidement méthodique

Le caractère inhumain de Souvarine est mis en évidence par la manière méthodique dont le jeune homme conduit sa tâche criminelle. Son travail est mené avec précision, logique : d'abord, il «desserr[e] les vis» (l. 3-4) qui fixent entre elles les pièces du cuvelage, puis «il s'attaqu[e] aux pièces mêmes» (l. 4) et surtout à «la clef, la pièce qui tenait les autres» (l. 5-6). À peine se laisse-t-il saisir par la rage qu'il se domine et se reproche cet emportement comme une faiblesse : «il se calma, mécontent de lui. Est-ce qu'on ne pouvait faire les choses froidement?» (l. 28-29). Et il agit ensuite avec une lenteur délibérée malgré le danger accru par les dégâts qu'il vient de commettre.

Ainsi, Souvarine s'accorde un instant de repos : «Sans hâte, il souffla» (l. 29-30). Puis il s'apprête à remonter à la surface en prenant soin de ne laisser aucune trace aisément perceptible de son action : «il rentra dans le goyot[1] des

---

1. «Goyot» : cheminée qui, le long d'un puits, sert à l'aération ; des échelles permettent aussi d'y circuler.

échelles, dont il boucha le trou, en replaçant le panneau qu'il avait scié» (l. 30-32). Enfin, il pense à ranger soigneusement ses outils («il prit le temps de rouler méthodiquement les outils dans sa veste», l. 36-37) avant de «remont[er] les échelles avec lenteur» (l. 37-38). Toutes les phrases décrivant sur un ton neutre des actions précises et efficaces, donnent de Souvarine l'image par excellence du bon ouvrier, soigneux, adroit et méthodique. Que toutes ces qualités soient utilisées au profit d'un acte criminel, accentue bien sûr la monstruosité du personnage.

L'indifférence au danger

Plusieurs dizaines de mètres[1] séparent le fond du puits de l'endroit où travaille Souvarine, lequel doit se tenir en équilibre sur des «poutres gluantes» (l. 3). Or, le jeune mécanicien ne prête pas la moindre attention au danger qu'il court. Danger qui augmente pourtant au fur et à mesure que le saboteur progresse dans sa tâche : «et le péril grandit encore» (l. 4-5). Souvarine paraît insensible à la peur, indifférent à sa propre vie, entièrement pris par la mission qu'il s'est assignée. À la fin du texte, un petit détail, anecdotique en apparence, souligne encore à quel point Souvarine se soucie peu de lui-même. Alors que ses habits ont été trempés d'eau glacée (cf. l. 9-10), il ne pense même pas à se changer au sortir du puits : «l'idée d'aller changer de vêtements ne lui vint même pas [...] Il resta planté sur la route, il attendit» (l. 40-42). Manifestement, Souvarine est occupé par la seule idée de voir les conséquences de son acte.

Un être presque surnaturel

Ainsi, Souvarine se confond entièrement avec son projet criminel. Il n'est plus un homme mais une idée, une force destructrice en action. Son ignorance de la peur semble le rendre invulnérable. Son agilité est extraordinaire : ses déplacements sont comparés à un «branle» (sorte de danse très rapide), tandis que l'accumulation de verbes de mouvement («il rampait, descendait, remontait», l. 24-25) suggère la vision fugitive d'un être insaisissable.

---

1. Cent quatre-vingt mètres, exactement (cf. *Germinal*, p. 514).

Certaines formulations donnent même discrètement à l'activité de Souvarine une dimension fantastique. Le jeune anarchiste semble se transformer en oiseau (cf. l. 26-27). Il se tient «par miracle» (l. 25-26). Et il sort «de la fosse sans être vu» (l. 39-40) alors que «trois heures sonn[ent]» (l. 41), l'heure où les premières équipes d'ouvriers commencent à se rendre à la mine. On a l'impression que Souvarine reçoit l'aide du destin ou peut-être même qu'il est une incarnation du destin. Un ange destructeur qui anéantit le mal, le Voreux, mais qui n'hésite pas aussi à frapper les hommes dans ce châtiment apocalyptique.

▬▬▬ 3. LE TRIOMPHE DE L'INSTINCT DE MORT

L'acte de Souvarine ne reflète pas seulement une conviction politique, même extrémiste. Cet acte traduit, au-delà de toute préoccupation politique, un penchant naturel pour la destruction, une fascination pour la mort et le néant.

Un plan monstrueux

De toute évidence, dans ce passage, ce n'est pas seulement la bourgeoisie que Souvarine cherche à frapper mais la société dans son ensemble, y compris les mineurs qui, ayant accepté de reprendre le travail, vont redescendre au fond. D'ailleurs, Souvarine semble avoir conçu son acte de sabotage pour provoquer le maximum de pertes humaines. Il sabote le cuvelage de telle sorte que ce dernier ne s'effondre pas aussitôt mais dans le courant de la journée qui va suivre : «on verrait si elle [= la ''bête'', le Voreux] vivait encore le soir» (l. 34-35). Avant de quitter le puits, Souvarine prend soin d'évaluer les dégâts qu'il vient de commettre – ceux-ci devant être assez importants pour entraîner dans un court délai la rupture du cuvelage et l'inondation de la mine, mais assez discrets pour ne pas attirer immédiatement l'attention : «C'était assez, il ne voulait pas donner l'éveil par un dégât trop grand, qu'on aurait tenté de réparer tout de suite» (l. 32-34). En même temps, Souvarine espère bien que l'origine criminelle de la catastrophe qui va résulter de son geste apparaîtra évidente après le drame. Car l'objectif final du personnage est de frapper de terreur la société de son temps en lui montrant qu'il existe des hommes capables de tout pour la détruire : «et il avait signé, le monde épouvanté saurait» que la bête (le puits), «n'était pas morte de sa belle mort» (l. 35-37).

La fascination du néant

Ce goût de Souvarine pour la destruction se manifeste dans les sensations physiques extrêmes qu'il éprouve. Ainsi, quand les allumettes s'éteignent, Souvarine, dans l'obscurité totale, n'a plus aucun point de repère, le puits semble basculer dans le néant : «c'était la nuit, une profondeur sans fond de ténèbres» (l. 11-12). Mais ce néant paraît être une force vivante animée d'un souffle qui donne au jeune homme une sorte d'ivresse : «Les haleines de l'invisible le grisaient, l'horreur noire de ce trou battu d'une averse le jetait à une fureur de destruction» (l. 13-16). Le néant que représente le Voreux accroît chez Souvarine sa propre fascination pour le vide, comme si l'homme et le puits étaient de même nature et partageaient en s'affrontant une même «fureur de destruction» (l. 15-16), voire d'auto-destruction. D'ailleurs, au plus fort de sa rage contre le Voreux, Souvarine est «pris du besoin de l'éventrer tout de suite sur sa tête» (l. 18-19), c'est-à-dire du besoin de faire s'effondrer aussitôt le cuvelage et d'être ainsi entraîné avec lui dans ces ténèbres «sans fond» (l. 12).

■■■■■ CONCLUSION

Cette page exprime donc de façon frappante la fascination de la destruction et de la mort qui peut exister au plus profond de l'être humain. À travers les actes d'un personnage grandiose dans ses convictions criminelles, Zola donne à cet instinct de mort une dimension poétique, à la fois attirante et odieuse.

En termes plus politiques, Souvarine, qui a longtemps influencé Étienne, représente la tentation, pour le mouvement ouvrier, de la révolte immédiate et de la violence systématique, tentation qu'Étienne saura justement repousser[1].

---

1. Voir le texte expliqué, n° 10.

L'agonie du Voreux[1]

M. Hennebeau, au bout de cette heure de répit, sentit l'espoir renaître. Le mouvement des terrains devait être terminé, on aurait la chance de sauver la machine et le reste des bâtiments. Mais il défendait
5 toujours qu'on s'approchât, il voulait patienter une demi-heure encore. L'attente devint insupportable, l'espérance redoublait l'angoisse, tous les cœurs battaient. Une nuée sombre, grandie à l'horizon, hâtait le crépuscule, une tombée de jour sinistre sur cette
10 épave des tempêtes de la terre. Depuis sept heures, on était là, sans remuer, sans manger.

Et, brusquement, comme les ingénieurs s'avançaient avec prudence, une suprême convulsion du sol les mit en fuite. Des détonations souterraines écla-
15 taient, toute une artillerie monstrueuse canonnant le gouffre. À la surface, les dernières constructions se culbutaient, s'écrasaient. D'abord, une sorte de tourbillon emporta les débris du criblage et de la salle de recette. Le bâtiment des chaudières creva ensuite,
20 disparut. Puis, ce fut la tourelle carrée où râlait la pompe d'épuisement, qui tomba sur la face, ainsi qu'un homme fauché par un boulet. Et l'on vit alors une effrayante chose, on vit la machine, disloquée sur son massif, les membres écartelés, lutter contre la
25 mort : elle marcha, elle détendit sa bielle, son genou de géante, comme pour se lever; mais elle expirait, broyée, engloutie. Seule, la haute cheminée de trente mètres restait debout, secouée, pareille à un mât dans l'ouragan. On croyait qu'elle allait s'émietter et voler
30 en poudre, lorsque, tout d'un coup, elle s'enfonça

---

1. Pages 534-535 dans l'édition Folio.

d'un bloc, bue par la terre, fondue ainsi qu'un cierge colossal; et rien ne dépassait, pas même la pointe du paratonnerre. C'était fini, la bête mauvaise, accroupie dans ce creux, gorgée de chair
35 humaine, ne soufflait plus de son haleine grosse et longue. Tout entier, le Voreux venait de couler à l'abîme.

PLAN RÉDIGÉ

(pour un commentaire composé ou une lecture méthodique en vue de l'oral)

■■■■■ INTRODUCTION

Dans ce chapitre, Zola décrit la catastrophe qui dévaste la mine du Voreux à la suite du sabotage effectué par Souvarine sur le cuvelage du puits[1]. Le cuvelage, qui assurait l'étanchéité de la fosse, a cédé et les galeries envahies par les eaux, s'effondrent, ce qui provoque d'importants glissements de terrain. Le désastre s'étend ainsi d'abord à l'intérieur puis à la surface de la mine. Le texte qui nous intéresse nous fait précisément assister à l'anéantissement des installations de surface du puits sous l'effet des mouvements de terrain provoqués par l'inondation de la fosse.

Dans ce récit de la fin du Voreux, Zola ne néglige aucun procédé pour créer un climat d'attente horrifiée. Climat d'autant plus pesant que le Voreux est, ici comme tout au long de l'œuvre, assimilé à une créature vivante dont l'agonie prend par là même de complexes résonances symboliques.

■■■■■ 1. UN RÉCIT HALETANT

L'effondrement des installations extérieures du Voreux se produit en plusieurs étapes, au fur et à mesure que des secousses successives ébranlent le sol. Au moment où

_____
1. Voir ci-dessus, p. 49.

l'extrait commence, les bâtiments les plus légers se sont déjà écroulés sous l'effet des premières secousses; puis le sol semble s'être stabilisé.

Les étapes d'une catastrophe

Le premier paragraphe du texte décrit l'attente de la foule et des responsables de la mine devant le puits qui ne paraît plus menacé. Mais l'emploi du mot «répit», dès la première ligne («au bout de cette heure de répit»), suggère que la menace est simplement suspendue – ce qui produit bien sûr un effet de suspense.

Dans le second paragraphe on assiste à la destruction définitive des dernières installations du puits. En faisant succéder une intensification de la catastrophe à un moment de «répit», Zola joue sur une structure narrative fort simple mais propre à tenir le lecteur en haleine. À cela il convient d'ajouter que ce paragraphe nous montre l'anéantissement définitif du carreau s'effectuant installation par installation, élément après élément. Conjonctions et adverbes de temps («d'abord», l. 17; «ensuite», l. 19; «puis», l. 20; «lorsque», l. 30; «tout d'un coup», l. 30) soulignent le caractère progressif du désastre, les étapes de la catastrophe. Dans le membre de phrase «la haute cheminée [...] restait debout» (l. 27-28), l'emploi de l'imparfait traduit une pause dans le processus de destruction, ce qui rend plus impressionnant ensuite l'effondrement soudain de la cheminée : «tout d'un coup, elle s'enfonça d'un bloc» (l. 30-31).

Angoisse des personnages, angoisse du lecteur

Les procédés narratifs que nous venons de mentionner jouent d'autant plus sur la sensibilité du lecteur que Zola associe ce dernier aux réactions des personnages.

Dès le début du texte, par exemple, l'écrivain nous dévoile les sentiments de M. Hennebeau qui commence à espérer que la catastrophe aura des conséquences limitées : «M. Hennebeau [...] sentit l'espoir renaître» (l. 1-2). Puis, Zola nous fait partager les réflexions du directeur de la mine en les intégrant au récit comme s'il s'agissait de pensées évidentes, communes à tous : «Le mouvement des terrains devait être terminé, on aurait la chance de sauver la machine et le reste des bâtiments» (l. 2-4). Plus loin, le texte utilise des formulations collectives qui amènent le lecteur à s'assimiler à la foule massée autour du puits : «L'attente devint insupportable, l'espérance redoublait l'angoisse, tous les cœurs battaient» (l. 6-8).

Ce climat d'espérance, qui redouble l'angoisse, est encore alourdi, dans le premier paragraphe, par la manière dont Zola joue sur le temps. La prudence de M. Hennebeau, défendant «toujours qu'on s'approch[e]» du puits et voulant «patienter une demi-heure encore» (l. 4-6) avant de faire intervenir les ingénieurs, étire l'attente, renforçant l'identification du lecteur aux personnages. Et, procédé classique des récits d'angoisse, c'est au moment où tout paraît le plus calme qu'une soudaine reprise de la catastrophe menace les ingénieurs qui s'étaient enfin avancés vers le puits : «Et, brusquement, comme les ingénieurs s'avançaient avec prudence, une suprême convulsion du sol les mit en fuite.» (l. 12-14).

On notera enfin l'emploi fréquent dans le passage du pronom indéfini «on». Ce pronom réunit dans un même être collectif les diverses catégories de témoins du drame (responsables de la mine, ingénieurs, ouvriers rescapés, familles s'inquiétant d'un proche qui n'est pas remonté). Mais en même temps, par son caractère indéfini, ce pronom implique le lecteur, l'intègre à la foule, lui fait partager ses émotions. Ainsi nous éprouvons successivement : l'interminable attente impuissante des témoins («Depuis sept heures, on était là, sans remuer, sans manger», l. 10-11); l'horreur devant un spectacle littéralement indescriptible («Et l'on vit alors une effrayante chose» l. 22-23); la stupéfaction face à la manière imprévisible dont les installations s'effondrent («On croyait qu'elle [la cheminée] allait s'émietter et voler en poudre, lorsque, tout d'un coup, elle s'enfonça d'un bloc», l. 29-31).

En amenant le lecteur à percevoir le désastre à travers le regard des témoins, Zola peut donner de l'écroulement du Voreux une vision d'autant plus horrible – la vision d'une agonie fantastique.

Image récurrente dans l'œuvre entière, l'assimilation du Voreux à une créature terrifiante conduit très logiquement Zola à comparer dans ce passage l'anéantissement du puits aux derniers instants d'un être vivant. Toutefois, les nombreuses images d'agonie contenues dans le texte se répartissent en fait en deux catégories opposées. Certaines images font songer à un être humain ravagé par la maladie tandis que les autres dessinent une bête ignoble, blessée à mort.

L'être malade

Les notations qui donnent du puits la vision d'un malade agonisant sont essentiellement associées aux réactions de M. Hennebeau. En effet, ce dernier ayant pour tâche de veiller sur les biens de la Compagnie, il ne peut que se sentir profondément responsable du sort du Voreux, qui appartient à celle-ci. Diverses formulations du texte montrent donc le puits comme un malade sévèrement atteint, veillé par un familier attentif. Des mots tels que «répit» (l. 1) ou «sauver» (l. 3) prennent ainsi une résonance médicale très nette. D'autres termes, utilisés dans la description de la catastrophe, relèvent eux aussi d'un registre clinique : la dernière secousse ébranlant le Voreux est définie comme «une suprême convulsion» (l. 3) ; la pompe d'épuisement «râl[e]» (l. 20) ; et, une fois le désastre achevé, Zola précise que le Voreux «ne soufflait plus de son haleine grosse et longue» (l. 35-36), comme s'il avait, à la lettre, rendu le dernier soupir.

Toutefois, la vision un peu pitoyable du malade à l'agonie se double souvent, au fil du texte, de l'image plus inquiétante du puits représenté comme une créature blessée, voire torturée à mort.

La créature blessée à mort

Cette image caractérise en fait certaines parties seulement de la fosse. Ainsi, la tourelle qui abrite la pompe d'épuisement est comparée à un combattant blessé s'écroulant au cours d'une bataille : elle tombe «sur la face, ainsi qu'un homme fauché par un boulet» (l. 21-22).

Quant à la pompe elle-même, Zola en décrit la fin en ces termes : «on vit la machine, disloquée sur son massif, les membres écartelés, lutter contre la mort : elle marcha, elle détendit sa bielle, son genou de géante, comme pour se lever; mais elle expirait, broyée, engloutie» (l. 23-27). Assimilée à un géant («genou de géante»), la machine subit un véritable supplice («disloquée», «les membres écartelés», «broyée») auquel son organisme vigoureux résiste, en une sorte de sursaut («elle détendit sa bielle [...] comme pour se lever»). À la fin du texte, l'image de la créature gigantesque est reprise et amplifiée par Zola pour évoquer l'ensemble de la fosse enfin morte : «C'était fini, la bête mauvaise, accroupie dans ce creux, gorgée de chair humaine, ne soufflait plus [...]. Tout entier, le Voreux venait de couler à l'abîme» (l. 33-37). Il y a dans ces lignes un accent de revanche et de joie mauvaise. Après avoir dévoré tant de mineurs, tant de «chair humaine», le Voreux est à son tour absorbé par la terre. Décrit dans tout le roman comme un dieu des abîmes repu de sacrifices, il se dissout lui-même dans l'abîme, en un juste retour des choses.

C'est dire que, pour Zola, la destruction du Voreux n'est pas seulement un événement terrible mais surtout un drame symbolisant la fin de tout un monde.

▬▬▬ 3. MORT DU VOREUX, FIN D'UN UNIVERS

D'un point de vue politique, Zola, on le sait, condamne le sabotage de Souvarine. Mais le résultat de ce sabotage, c'est-à-dire la ruine du Voreux, apparaît dans le texte comme un fait chargé d'une signification historique plutôt positive.

Destruction du Voreux et lutte des classes

Dans l'ensemble du roman, c'est la même image de dieu carnivore, se nourrissant du travail et de la vie des ouvriers, qui désigne à la fois le Voreux, en tant que site industriel, et le capital, en tant que pouvoir économique. En ce sens, l'anéantissement du Voreux peut se lire comme le symbole d'un mouvement historique en passe de détruire une société cruellement injuste. D'ailleurs, le texte contient un certain nombre d'images qui appartiennent à un registre guerrier fréquemment utilisé par Zola pour évoquer la confrontation des classes sociales. Ainsi la tourelle abritant la pompe est comme abattue «par un boulet» (l. 22) et le vacarme des glissements de terrain est assimilé à une canonnade : «Des détonations souterraines éclataient, toute une artillerie monstrueuse canonnant le gouffre» (l. 14-16). Le Voreux pourrait alors s'apparenter à une place forte de la bourgeoisie assiégée par une armée révolutionnaire. Évidemment, ces images de bataille induisent logiquement la vision, étudiée plus haut, de la mort par blessure du Voreux. Toutefois il ne faudrait pas les interpréter uniquement en termes de combat humain. Les «détonations» qui font exploser la fosse sont souterraines ; l'«artillerie monstrueuse» qui bombarde «le gouffre» est celle des profondeurs du sol. Ce sont donc aussi les éléments de la nature qui attaquent le Voreux.

Le déchaînement des forces naturelles

L'anéantissement du puits par les forces naturelles doit d'abord s'entendre au sens propre puisque le Voreux est détruit par des mouvements de terrain. Mais, par le jeu des images, Zola donne à cette catastrophe une dimension cosmique presque surnaturelle. Dès le premier paragraphe, l'écrivain place l'agonie de la fosse sous un ciel tourmenté, comme si les conditions météorologiques participaient au désastre : «Une nuée sombre, grandie à l'horizon, hâtait le crépuscule, une tombée de jour sinistre sur cette épave des tempêtes de la terre» (l. 8-10). En assimilant la terre à une mer démontée («tempête de la terre»), Zola fait en outre du glissement de terrain qui engloutit le Voreux un véritable cyclone : «D'abord, une sorte de tourbillon emporta les débris du criblage et de la salle de recette. Le bâtiment des chaudières creva ensuite, disparut [...] Seule la haute cheminée de trente mètres restait debout, secouée, pareille à un mât dans l'ouragan» (l. 17-20, l. 27-29). À travers ces images de tempête, le Voreux apparaît tel un bateau dans la tourmente (avec ses «chaudières» et son «mât»), un bateau contre lequel se ligueraient le vent («secouée», «ouragan»), l'eau et, indirectement, la terre (puisque ces deux éléments sont métaphoriquement associés l'un à l'autre).

De la sorte, Zola impose la vision d'un univers où les éléments se mélangent, se confondent. La terre devient, on l'a vu, océan. Certains mots comme «ouragan» et «tourbillon» évoquent à la fois l'air et l'eau. Même les installations de brique et de métal du puits paraissent se liquéfier. Ainsi, la cheminée est «bue par la terre, fondue ainsi qu'un cierge colossal» (l. 31-32). Et le Voreux ne s'effondre pas, il «coul[e] à l'abîme» (l. 36-37). La fosse semble donc détruite dans et par un monde où les lois habituelles de la nature n'ont plus cours, où il n'y a plus de frontières entre les éléments. En une sorte d'Apocalypse[1], la nature paraît se désorganiser délibérément pour engloutir cette incarnation du Mal qu'est le Voreux, pour en faire disparaître jusqu'à la moindre trace : «rien ne dépassait, pas même la pointe du paratonnerre» (l. 32-33).

◼◼◼◼ CONCLUSION

L'art, typiquement zolien de prêter des intentions et une âme obscure aux éléments et aux choses est dans cette page poussé à la perfection. Évoquée sur le mode du merveilleux épique, l'agonie du Voreux traduit une conception du monde où les choses et les hommes existent sur le même plan, emportés par des forces et un devenir historique qui les dépassent infiniment.

---

1. Rappelons que le livre biblique de l'Apocalypse prophétise la destruction du monde.

Les noces d'Étienne et de Catherine[1]

D'un élan, elle s'était pendue à lui, elle chercha sa bouche et y colla passionnément la sienne. Les ténèbres s'éclairèrent, elle revit le soleil, elle retrouva un rire calmé d'amoureuse. Lui, frémissant de la
5 sentir ainsi contre sa chair, demi-nue sous la veste et la culotte en lambeaux, l'empoigna, dans un réveil de sa virilité. Et ce fut enfin leur nuit de noces, au fond de cette tombe, sur ce lit de boue, le besoin de ne pas mourir avant d'avoir eu le bonheur, l'obstiné besoin
10 de vivre, de faire de la vie une dernière fois. Ils s'aimèrent dans le désespoir de tout, dans la mort.

Ensuite, il n'y eut plus rien. Étienne était assis par terre, toujours dans le même coin, et il avait Catherine sur les genoux, couchée, immobile. Des heures,
15 des heures s'écoulèrent. Il crut longtemps qu'elle dormait; puis, il la toucha, elle était très froide, elle était morte. Pourtant, il ne remuait pas de peur de la réveiller. L'idée qu'il l'avait eue femme le premier, et qu'elle pouvait être grosse, l'attendrissait. D'autres
20 idées, l'envie de partir avec elle, la joie de ce qu'ils feraient tous les deux plus tard, revenaient par moments, mais si vagues, qu'elles semblaient effleurer à peine son front, comme le souffle même du sommeil. Il s'affaiblissait, il ne lui restait que la force
25 d'un petit geste, un lent mouvement de la main, pour s'assurer qu'elle était bien là, ainsi qu'une enfant endormie, dans sa raideur glacée. Tout s'anéantissait, la nuit elle-même avait sombré, il n'était nulle part, hors de l'espace, hors du temps. Quelque chose
30 tapait bien à côté de sa tête, des coups dont la

---

1. Pages 573-574 dans l'édition Folio.

violence se rapprochait; mais il avait eu d'abord la paresse d'aller répondre, engourdi d'une fatigue immense; et, à présent, il ne savait plus, il rêvait seulement qu'elle marchait devant lui et qu'il enten-
35 dait le léger claquement de ses sabots. Deux jours se passèrent, elle n'avait pas remué, il la touchait de son geste machinal, rassuré de la sentir si tranquille.

PLAN RÉDIGÉ

(pour un commentaire composé ou une lecture méthodique en vue de l'oral)

■■■■■ INTRODUCTION

Évocation épique d'un conflit social, *Germinal* est également le récit pathétique d'une histoire d'amour entre le personnage principal, Étienne, et Catherine Maheu, la fille aînée du couple ouvrier chez lequel loge le jeune homme.

Attirés dès le début l'un par l'autre, Étienne et Catherine n'ont pu laisser libre cours à leur passion du fait de divers malentendus et de l'intervention d'un tiers, Chaval, qui s'est imposé comme le premier amant, brutal et sans scrupule, de Catherine. Lors de la catastrophe provoquée par Souvarine, ces trois personnages se retrouvent au fond de la mine, à l'extrémité d'une galerie, sous la menace de la montée des eaux. Dans un moment de fureur jalouse, les deux hommes s'affrontent; Étienne tue Chaval et demeure seul face à Catherine. Torturés par la faim, et dans l'attente d'un improbable secours, Étienne et Catherine s'avouent enfin leurs sentiments. Puis, dans l'extrait que nous allons ana-lyser, les deux personnages s'unissent d'amour physique, pour la première et la dernière fois puisque Catherine aussitôt après, meurt de faim et d'épuisement.

Ce passage permet ainsi à Zola d'étudier les manifesta-tions du désir et de l'instinct dans des conditions extrêmes, tout en traçant un épisode puissamment tragique, imprégné de lyrisme noir.

■■■ 1. UNE PSYCHOLOGIE MATÉRIALISTE

Pour Zola, gagné aux idées matérialistes de son temps, l'esprit et les sentiments humains sont entièrement déterminés par la physiologie, les besoins, les pulsions. Cette conception matérialiste de la psychologie traduit d'ailleurs souvent, comme dans le présent texte, la fascination de l'auteur pour les forces obscures du psychisme humain, pour les automatismes indépendants de toute volonté consciente.

Un amoindrissement de la conscience

Au fond de leur refuge, Étienne aussi bien que Catherine se trouvent dans un état second provoqué par l'obscurité, l'angoisse, la faim. Au début du texte, quand un élan la pousse vers le jeune homme, Catherine est l'objet d'une hallucination qui lui donne l'illusion d'être à nouveau à l'air libre, en plein jour : «Les ténèbres s'éclairèrent, elle revit le soleil, elle retrouva un rire calmé d'amoureuse» (l. 2-4). Ce délire est, pour Catherine, une façon de fuir l'atroce réalité qui l'entoure. Il annonce aussi sans doute l'imminence de sa mort ; et il ne laisse rien subsister dans son esprit sinon sa passion amoureuse pour Étienne.

Mais c'est en évoquant l'état de ce dernier après la mort de Catherine (l. 12-37) que Zola pousse le plus loin l'étude de l'amoindrissement de la conscience.

L'écrivain présente ce phénomène avec une grande habileté, à la fois de l'extérieur et de l'intérieur. Tantôt, en effet, Zola décrit l'attitude d'Étienne en nous le montrant immobile, hébété, comme muré en lui-même : «Étienne était assis par terre, toujours dans le même coin, et il avait Catherine sur les genoux» (l. 12-14). Tantôt le texte nous amène à pénétrer dans l'esprit du jeune homme, à partager les rares idées fugaces qui l'«effleure[nt]» (l. 23), à éprouver le vide qui l'envahit. À cette fin, Zola utilise des formulations impersonnelles et vagues qui peuvent concerner aussi bien le personnage que le lecteur («Ensuite, il n'y eut plus rien», l. 12 ; «Tout s'anéantissait», (l. 27-28).

Les symptômes d'un esprit en déroute

En nous faisant partager l'état mental d'Étienne, Zola en rend d'autant plus impressionnants les symptômes. Ils sont décrits avec une précision quasi médicale; le plus manifeste est l'incapacité du protagoniste à interpréter correctement ce qui se passe autour de lui. Ainsi, Étienne ne semble pas se rendre compte de la mort de Catherine : «Il crut longtemps qu'elle dormait; puis, il la toucha, elle était très froide, elle était morte. Pourtant, il ne remuait pas, de peur de la réveiller» (l. 15-18). De même, Étienne est incapable de réagir quand il entend les coups frappés par les sauveteurs s'approchant enfin de son refuge : «Quelque chose tapait bien à côté de sa tête, des coups dont la violence se rapprochait; mais il avait eu d'abord la paresse d'aller répondre, engourdi d'une fatigue immense; et, à présent, il ne savait plus» (l. 29-33). Non seulement le jeune homme n'a plus assez d'énergie pour manifester sa présence, mais encore son désarroi mental est tel qu'il ne comprend pas la signification des coups qu'il entend.

Cette stupeur se manifeste par un deuxième symptôme : la perte des repères spatiaux et surtout temporels, accentuée par la façon dont Zola joue sur la chronologie. Car si le texte contient quelques indications chronologiques («Des heures, des heures s'écoulèrent», l. 14-15; «puis», l. 16; «Deux jours se passèrent», l. 35-36), ces dernières sont noyées dans l'évocation à l'imparfait de l'état inerte et figé où se trouve Étienne (l. 12-35). Si bien que ces rares indications de chronologie aboutissent surtout à souligner qu'Étienne n'a plus aucune perception du temps. Pour le jeune homme, la réalité extérieure n'existe plus : «la nuit elle-même avait sombré, il n'était nulle part, hors de l'espace, hors du temps» (l. 28-29).

Finalement, il ne reste plus dans cet esprit en débâcle qu'une idée fixe, celle de sentir la présence de Catherine. Obsession qui s'exprime par un geste instinctif où l'on peut voir l'ultime manifestation du délire d'Étienne : «il ne lui restait que la force d'un petit geste, un lent mouvement de la main, pour s'assurer qu'elle était bien là [...] dans sa raideur glacée» (l. 24-26); «il la touchait de son geste machinal» (l. 36-37).

La force de l'instinct

Ainsi, en décrivant l'état mental d'Étienne, ou celui de Catherine au premier paragraphe, Zola nous montre que seule l'attirance entre deux êtres résiste à l'anéantissement de leur esprit. Bien sûr, de prime abord, cette attirance semble moins définie en termes de sentiments amoureux qu'en termes d'instinct, de pulsion. C'est une pulsion qui conduit Étienne à reproduire sans cesse le même geste vers le corps de Catherine. Plus clairement encore, au début du passage, c'est le seul «élan» (l. 1) physique, le mouvement irrésistible de l'instinct qui provoque l'union charnelle de Catherine et d'Étienne.

«D'un élan, elle s'était pendue à lui, elle chercha sa bouche et y colla passionnément la sienne. [...] Lui, frémissant de la sentir ainsi contre sa chair, demi-nue sous la veste et la culotte en lambeaux, l'empoigna, dans un réveil de sa virilité» (l. 1-7).

Dans ces lignes l'union des amants est décrite sans une seule notation d'ordre psychologique; seuls sont évoqués, parfois avec brutalité, les gestes («s'était pendue»; «chercha sa bouche»; «l'empoigna» l. 1, 2 et 6) et les sensations («frémissant»; «sentir [...] contre sa chair» (l. 4-5). L'expression «réveil de [...] virilité» (l. 6-7) achève de souligner que cet acte d'amour est avant tout un acte d'instinct.

Mais Zola ne voit pas seulement dans l'instinct, en l'occurrence sexuel, un simple phénomène physiologique. Il le considère plutôt comme une des forces, chargées de sens, qui régissent l'univers. L'acte de chair entre Étienne et Catherine revêt une signification plus vaste, que nous nous proposons d'envisager maintenant.

■■■■ 2. UNE VISION ROMANESQUE DES FORCES DE VIE ET DE MORT

Dans ce texte, l'instinct sexuel apparaît comme la seule force qui soit capable de faire reculer la mort, ce qui crée une atmosphère pathétique.

Un combat entre la vie et la mort

Au-delà du désir réciproque de chaque amant pour le corps de l'autre, c'est manifestement le désir de la vie qui s'exprime surtout dans la relation charnelle d'Étienne et Catherine. De façon très significative, le texte ne parle pas de plaisir en évoquant ce rapport sexuel; il parle d'un besoin qui semble bien plus profond : «le besoin de ne pas mourir avant d'avoir eu le bonheur, l'obstiné besoin de vivre, de faire de la vie une dernière fois» (l. 8-10). Ce besoin pousse Étienne et Catherine à exister le plus intensément possible jusqu'à la dernière minute, en connaissant «le bonheur» à travers un acte défini essentiellement comme un acte de fécondité : «faire de la vie».

Ce combat pour la vie, face à la mort, est traduit par une vigoureuse antithèse entre l'évocation de l'union des amants et celle des circonstances funestes de ces «noces». «Et ce fut enfin leur nuit de noces, au fond de cette tombe, sur ce lit de boue [...]. Ils s'aimèrent dans le désespoir de tout, dans la mort» (l. 7-11). Les formulations, souvent à double entente, utilisées dans ces lignes dessinent une sorte de combat en même temps que d'inextricable mélange entre la vie et la mort : les amants connaissent «leur nuit de noces» grâce à la nuit mortelle de la mine où le lit nuptial est un «lit de boue». Paradoxalement, le caractère funèbre du lieu assimilé à une «tombe» fait ressortir la force de l'instinct de vie qui anime les personnages. Et la formule «ils s'aimèrent [...] dans la mort» suggère que la vie est, en fin de compte, victorieuse sur la mort.

Un dénouement pathétique

La foi de Zola en la puissance de la vie l'amène à dépasser la vision neutre et matérialiste qu'il s'efforce de donner des sentiments. L'auteur a beau décrire l'union des deux personnages en termes uniquement physiologiques, nous allons constater qu'il n'en laisse pas moins apparaître la dimension sentimentale de cette union. En ce sens, le passage est bel et bien le dénouement d'une intrigue amoureuse.

Ce dénouement est à la fois heureux et dramatique.

Heureux, puisque les deux protagonistes finissent par reconnaître leurs sentiments et se donnent l'un à l'autre. Dramatique, puisque ce bonheur si longtemps attendu, comme le souligne l'adverbe «enfin» (l. 7), va être anéanti aussitôt par la mort de Catherine. Et le paradoxe réside dans le fait que c'est la même situation, à savoir l'isolement tragique des deux êtres dans la mine dévastée, qui leur donne le bonheur et qui le leur interdit à jamais. Le dénouement de l'intrigue amoureuse centrale de l'œuvre sollicite donc fortement la sensibilité du lecteur. C'est un dénouement pathétique fondé sur une situation extrêmement poignante.

Le pathétique est encore souligné dans ces lignes par certaines formulations, certaines images. Le rapprochement entre Catherine morte et «une enfant endormie» (l. 26-27) ne peut que renforcer l'émotion du lecteur. L'image d'Étienne avec «Catherine sur les genoux, couchée, immobile» (l. 13-14) rappelle une *pietà* c'est-à-dire une statue ou un tableau représentant la Vierge Marie tenant sur ses genoux le corps du Christ, son fils, détaché de la Croix. La vision d'Étienne soutenant le cadavre de Catherine prend alors la dimension d'une véritable allégorie de la douleur.

La force de l'amour

La puissance émotive du passage tient également à la force de l'amour que Zola prête aux personnages, et plus particulièrement à Étienne. Certes, l'écrivain présente l'acte charnel entre Catherine et Étienne comme le résultat du seul instinct. Mais il n'en attribue pas moins au jeune homme des rêveries, des souhaits empreints d'une tendresse qu'il serait difficile de réduire à l'expression d'un simple phénomène physiologique : des «idées, l'envie de partir avec elle, la joie de ce qu'ils feraient tous les deux plus tard, revenaient par moments» (l. 20-22). Ce dont rêve l'esprit égaré d'Étienne, c'est d'une vraie vie de couple : une vie à «deux» («tous les deux», l. 21). Un tel rêve de vie commune, particulièrement bouleversant pour le lecteur qui le sait désormais irréalisable, montre l'existence chez le personnage d'un sentiment amoureux qu'on ne saurait confondre avec le seul désir.

Dans la déroute de son esprit, Étienne pense donc

uniquement à Catherine. Non pas pour le plaisir des sens qu'ils goûteraient ensemble mais pour l'existence qu'ils pourraient partager et pour l'enfant qu'elle pourrait lui donner : «L'idée qu'il l'avait eue femme le premier, et qu'elle pouvait être grosse, l'attendrissait (l. 18-19). Et à la fin du texte, quand Étienne entend les coups frappés par les sauveteurs, il n'interprète pas ce bruit comme l'annonce de son propre salut : «il rêvait seulement qu'elle marchait devant lui et qu'il entendait le léger claquement de ses sabots» (l. 33-35). Bien sûr, il s'agit là d'un effet du délire. Mais que le délire d'Étienne ait toujours pour objet Catherine est précisément la marque d'un véritable amour.

■■■■ CONCLUSION

Par la peinture clinique d'un état de délire, ce texte illustre bien les thèses naturalistes de Zola qui prétend analyser les sentiments humains à travers une psychologie matérialiste. Mais, au-delà, le texte vaut surtout par l'image qu'il donne de la vie et de l'amour en tant que forces fondamentales travaillant et recréant le monde au cœur même de la destruction.

Par ailleurs, la mort de Catherine et l'éventualité de sa propre mort constituent pour Étienne, après la défaite de la grève, une ultime épreuve. Mais ces épreuves, et ce séjour dans le voisinage de la mort, ont changé Étienne. Sauvé de justesse par ses camarades, il va en quelque sorte renaître, tout aussi déterminé dans son espérance révolutionnaire, mais plus fort, plus mûr qu'auparavant.

Vers une conception réfléchie de la révolution[1]

Étienne prit à gauche le chemin de Joiselle. Il se
rappela, il y avait empêché la bande de se ruer sur
Gaston-Marie[2]. Au loin, dans le soleil clair, il voyait
les beffrois de plusieurs fosses, Mirou sur la droite,
5 Madeleine et Crèvecœur, côte à côte. Le travail
grondait partout, les coups de rivelaine[3] qu'il croyait
saisir, au fond de la terre, tapaient maintenant d'un
bout de la plaine à l'autre. Un coup, et un coup
encore, et des coups toujours, sous les champs, les
10 routes, les villages, qui riaient à la lumière : tout
l'obscur travail du bagne souterrain, si écrasé par la
masse énorme des roches, qu'il fallait le savoir
là-dessous, pour en distinguer le grand soupir douloureux. Et il songeait à présent que la violence
15 peut-être ne hâtait pas les choses. Des câbles coupés,
des rails arrachés, des lampes cassées, quelle inutile
besogne ! Cela valait bien la peine de galoper à trois
mille, en une bande dévastatrice ! Vaguement, il
devinait que la légalité, un jour, pouvait être plus
20 terrible. Sa raison mûrissait, il avait jeté la gourme de
ses rancunes. Oui, la Maheude le disait bien avec son
bon sens, ce serait le grand coup : s'enrégimenter
tranquillement, se connaître, se réunir en syndicats,
lorsque les lois le permettraient ; puis, le matin où
25 l'on se sentirait les coudes, où l'on se trouverait des
millions de travailleurs en face de quelques milliers
de fainéants, prendre le pouvoir, être les maîtres. Ah !
quel réveil de vérité et de justice !

---

1. Page 586 dans l'édition Folio.
2. Une des fosses du bassin minier.
3. Outil de mineur : pique à deux pointes.

■■■■■ INTRODUCTION

Ce texte nous montre Étienne, licencié par la Compagnie, s'éloignant à pied de Montsou afin d'aller à Marchiennes prendre un train pour Paris, où il continuera la lutte révolutionnaire. C'est l'occasion pour Zola de tirer le bilan des événements qui se sont succédé tout au long de l'intrigue. Ce bilan concerne à la fois l'évolution personnelle d'Étienne et, par le biais des réflexions prêtées au personnage, la grève qu'il a dirigée, et dont l'échec est riche d'enseignements pour le mouvement ouvrier.

■■■■■ COMPOSITION ET MOUVEMENT

On peut distinguer deux moments dans le texte. D'abord une description de la marche d'Étienne dans un paysage où tout lui rappelle à la fois les événements de la grève et la présence de ses camarades travaillant dans les galeries de la mine, sous ses pieds (l. 1-14). Ensuite, un passage consacré aux réflexions d'Étienne, qui semblent avoir été suscitées par ce que lui a rappelé le paysage qu'il a sous les yeux (l. 14-28).

■■■■■ ÉTUDE SUIVIE

Un paysage chargé de signification (l. 1-14)

● **Lignes 1-5**

Zola dessine ici un paysage entièrement minier ponctué par la présence des fosses. Noyé de lumière («dans le soleil clair», l. 3), le site semble placé sous le signe de l'espoir. Mais Zola ne développe pas encore cette symbolique de l'espérance : il montre d'abord comment le paysage rappelle à Étienne les événements de la grève. Ainsi, «sur le chemin de Joiselle» (l. 1), il se souvient d'un jour d'émeute[1] : «il se rappela, il y avait empêché la bande de se

---

1. Voir ci-dessus, p. 41.

ruer sur Gaston-Marie[1]» (l. 1-3). L'emploi du passé simple («rappela») et la construction de la phrase en deux indépendantes juxtaposées («il se rappela, il y avait...») traduisent le caractère immédiat de l'apparition du souvenir : le lieu met soudain Étienne en face d'une de ses actions passées, une action qui prend place dans le contexte violent de la journée d'émeute.

● **Lignes 5-14**

Le lecteur pourrait alors s'attendre à ce que le texte se poursuive immédiatement par une méditation d'Étienne sur l'utilité de la violence pour le mouvement ouvrier. Or, il n'en est rien. Ces lignes constituent alors une évocation lyrique du travail des mineurs qu'Étienne devine sous la terre.

Ce travail se manifeste par les bruits que croit percevoir Étienne («les coups de rivelaine qu'il croyait saisir», l. 6-7). Mais, même évoqué ainsi à travers la subjectivité du personnage, le travail des mineurs n'en apparaît pas moins comme une force investissant la totalité du paysage : «Le travail grondait partout, les coups de rivelaine [...], au fond de la terre, tapaient maintenant d'un bout de la plaine à l'autre» (l. 5-8). Le rythme et l'organisation de la phrase traduisent une présence toujours plus grande du travail : une première partie de phrase assez brève («Le travail grondait partout») est en effet développée dans une seconde partie beaucoup plus longue («les coups... à l'autre»). Le choix du verbe «grondait» assimile ce travail à une bête gigantesque. Les allitérations en t, r, d, p (travail, grondait, partout, de, rivelaine, terre, tapaient, maintenant, d'un, plaine, autre) semblent restituer les sonorités mates et heurtées de ce grondement lointain.

La sensation sonore est encore accentuée dans la phrase suivante, grâce notamment à une forte assonance en ou : «Un coup, et encore un coup, et des coups toujours, sous les champs, les routes, les villages, qui riaient à la lumière» (l. 8-10). De plus, dans cette phrase, la triple utilisation du mot «coup» et l'intensité croissante des adverbes («encore», «toujours») créent un effet de progression : on croirait entendre un martèlement obstiné qui s'amplifie, se rapproche. Par ailleurs, le rythme ternaire

---

1. Voir *Germinal*, cinquième partie, chapitre 4 (pp. 383-395 dans l'édition Folio).

donné à la formulation de ce martèlement («Un coup, et un coup..., et des coups...») correspond en un strict parallélisme au rythme ternaire animant l'évocation de la surface («sous les champs, les routes, les villages»). Il en résulte un contraste saisissant entre le monde extérieur qui pèse sur le travail des mineurs et ce travail lui-même qui progresse obstinément sous et peut-être vers la surface.

Toutefois, Zola souligne aussitôt à quel point ledit travail, identifié à un «bagne» (l. 11) est «écrasé par la masse énorme des roches» (l. 11-12). Masse où l'on peut voir le symbole du poids des réalités sociales qui oppriment les ouvriers. Les coups frappés dans le sol apparaissent alors comme le message désespéré, «le grand soupir douloureux» (l. 14-15) des mineurs opprimés. Mais cette plainte, étouffée par la roche, n'est perceptible que pour ceux qui connaissent l'existence de «l'obscur travail du bagne souterrain» (l. 11) : «il fallait le savoir là-dessous, pour en distinguer le [...] soupir douloureux» (l. 12-14).

Or, Étienne est de ceux qui connaissent la réalité du travail des mineurs. Sa mission semble donc désormais d'en révéler la dureté à l'opinion, et d'aider ses camarades à échapper à cet enfer. D'ailleurs, toute la deuxième partie du texte est consacrée à une réflexion du personnage sur les moyens d'instaurer une société plus juste.

La réflexion d'Étienne (l. 14-28)

Ce passage consacré à la réflexion d'Étienne commence par la conjonction de coordination «Et» (l. 14) qui exprime un rapport direct entre cette réflexion et les lignes précédentes (5-14) évoquant le travail de la mine. Ce travail souterrain s'avère alors la métaphore du travail, souterrain lui aussi, qui s'est opéré dans l'esprit d'Étienne entre le moment où il s'est souvenu des violences de la grève (l. 1-3) et celui où il commence à réfléchir consciemment à la question de la violence révolutionnaire.

● **Lignes 14 à 21**

Cette réflexion sur la violence se présente comme le résultat d'une pensée au travail. Étienne, qui a longtemps cru à la nécessité de la violence pour le mouvement ouvrier, envisage de la rejeter : «il songeait à présent que la violence peut-être ne hâtait pas les choses» (l. 14-15).

Le vocabulaire («songeait», «peut-être») traduit l'indécision d'Étienne qui semble encore considérer l'abandon de la violence révolutionnaire comme une simple hypothèse. En revanche, les deux phrases exclamatives suivantes, rapportant le monologue intérieur d'Étienne, expriment avec clarté son agacement rétrospectif face aux violences de la grève : «Des câbles coupés, des rails arrachés, des lampes cassées, quelle inutile besogne! Cela valait bien la peine de galoper à trois mille, en une bande dévastatrice!» (l. 15-18). La mention du nombre des manifestants («trois mille») suggère la force potentielle des mineurs; l'énumération du matériel saccagé («Des câbles [...] cassées») fait ressortir à quel point cette force a été gaspillée, sans résultat pour les mineurs.

C'est donc logiquement que l'évocation d'un tel gâchis amène Étienne à penser à d'autres moyens d'action : «Vaguement, il devinait que la légalité, un jour, pouvait être plus terrible» (l. 18-20). La conception d'un mouvement ouvrier s'appuyant sur la «légalité» se dessine d'abord confusément dans l'esprit d'Étienne (ce qu'expriment les termes «vaguement» ou «devinait»), mais le recours aux moyens légaux apparaît déjà au personnage comme une arme potentiellement «plus terrible» (l. 19-20) que la violence.

Étienne est ainsi en train de dépasser le stade de la seule réaction irréfléchie de révolte face aux injustices du monde : «Sa raison mûrissait, il avait jeté la gourme de ses rancunes» (l. 20-21). L'expression «jeter sa gourme» s'emploie pour les jeunes gens qui, une fois émancipés de l'autorité parentale, utilisent d'abord leur liberté pour faire des folies. De même, dans les excès et l'exaltation de la grève, Étienne a «jeté la gourme de ses rancunes», de sa révolte juvénile : il peut maintenant se consacrer à des formes de combat plus exigeantes et mieux maîtrisées.

● **Lignes 21 à 28**

Ces formes de combat (l. 22-27) se présentent comme des idées qu'aurait déjà exprimées la Maheude et qu'Étienne reprendrait en se parlant à lui-même : «Oui, la Maheude le disait bien, avec son bon sens» (l. 21-22). Il est hautement significatif qu'Étienne, à l'issue de sa propre réflexion, aboutisse aux mêmes positions que la Maheude qui symbolise la sagesse profonde des humbles, la répugnance devant les moyens brutaux. Et ce sont toutes ces caractéristiques que l'on retrouve dans la stratégie de conquête pacifique du pouvoir à laquelle songe Étienne maintenant : «s'enrégimenter tranquillement [...], prendre le pouvoir, être les maîtres» (l. 22-27).

Certes, il y a encore beaucoup de naïveté dans la certitude où se trouve Étienne qu'un niveau suffisant de puissance syndicale permettrait aux ouvriers de prendre le pouvoir immédiatement et sans difficultés (ce que traduit l'adverbe de temps «puis», l. 24). Mais l'idée d'opposer à une bourgeoisie organisée une structure tout aussi systématique des travailleurs susceptible de contrôler l'économie, est en elle-même capitale. Car cette stratégie de révolution syndicale a beau souffrir d'imprécision et de naïveté, elle n'en fait pas moins appel à des notions beaucoup plus complexes de légalité et d'organisation que le recours immédiat à la révolte armée. D'ailleurs, le texte insiste sur l'aspect pacifique de ce projet révolutionnaire et donc implicitement sur les qualités de patience et de maturité que ledit projet va requérir des ouvriers. Ainsi, il s'agira pour ces derniers de «s'enrégimenter», mais «tranquillement» (l. 22-23), de «se réunir en syndicats», mais «lorsque les lois le permettr[ont]» (l. 23-24). Dans cette perspective, la solidarité, à la fois valeur morale et force politique, devient une exigence fondamentale. Le texte précise, par exemple, que les ouvriers devront non seulement s'unir mais «se connaître» (l. 23), c'est-à-dire se fondre en une communauté fraternelle. L'expression populaire «l'on se sentirait les coudes» (l. 25) met l'accent sur cet idéal de fraternité en même temps qu'elle esquisse l'image d'une masse soudée et donc d'autant plus forte.

L'aspect moral d'une révolution placée sous le signe de la solidarité et du refus de la violence s'accentue encore et devient même d'ordre religieux à la fin de la méditation d'Étienne. La révolution victorieuse se présente alors métaphoriquement comme un «matin» (l. 24), un «réveil de vérité et de justice» (l. 28), bref comme un triomphe de la lumière. L'opposition entre l'obscurité oppressante de la mine et la clarté de l'air libre (l. 6-11) se résout donc par la victoire de cette dernière. Et l'association de la lumière du matin à des valeurs morales (vérité, justice) enfin incarnées, «réveillées», évoque l'instauration d'une sorte de paradis terrestre.

■■■■■ CONCLUSION

Il serait intéressant de comparer ce texte à celui extrait des premières pages de *Germinal*[1]. Au début de l'œuvre, Étienne arrive à Montsou de nuit, épuisé, harcelé par le besoin et le froid, dans un paysage où il se sent perdu. À la fin du roman, Étienne quitte Montsou dans la clarté du soleil matinal, mûri, riche d'une expérience douloureuse mais féconde, avec des idées politiques affirmées et un objectif bien précis : travailler à l'émancipation des travailleurs selon une stratégie méditée.

Serait-ce alors paradoxal de voir dans *Germinal* une œuvre optimiste, marquée d'un humanisme brutal mais authentique ?

---

1. Voir texte n° 1.

■ Plan pour un commentaire composé

1. UN PAYSAGE RÉVÉLATEUR

a) Un paysage qui rappelle à Étienne les violences de la grève (cf. *Un paysage chargé de signification*, pp. 74-76)
b) Un paysage rempli de la présence cachée des mineurs au travail (cf. p. 75)
c) Une opposition significative entre l'obscurité de la mine et la lumière de la surface (cf. p. 78)

2. UNE CONCEPTION MÉDITÉE DE LA RÉVOLUTION OUVRIÈRE

a) Une réflexion en cours dans l'esprit d'Étienne mûrissant (cf. *Un paysage chargé de signification*, p. 76, et *La réflexion d'Étienne*, pp. 76-77)
b) Un refus de la violence (cf. p. 77)
c) Une ébauche de stratégie pacifique pour le mouvement ouvrier (cf. p. 78)
d) Une vision morale de la révolution (cf. p. 78)

COLLECTION PROFIL

• PROFIL FORMATION

Expression écrite et orale

305 - Explorer le journal
306 - Trouvez le mot juste
307 - Prendre la parole
308 - Travailler en groupe
309 - Conduire une réunion
310 - Le compte rendu de lecture
311/312 - Le français sans faute
323 - Améliorez votre style, t. 1
365 - Améliorez votre style, t. 2
342 - Testez vos connaissances en vocabulaire
390 - 500 fautes de français à éviter
391 - Écrire avec logique et clarté
395 - Lexique des faux amis
398 - 400 citations expliquées
415/416 - Enrichissez votre vocabulaire
424 - Du paragraphe à l'essai
425 - Les mots clés de la mythologie

Le français aux examens

422/423 - Les mots clés du français au bac
303/304 - Le résumé de texte
417/418 - Vers le commentaire composé
313/314 - Du plan à la dissertation
324/325 - Le commentaire de texte au baccalauréat
394 - L'oral de français au bac
421 - Pour étudier un poème

Bonnes copies de bac

Authentiques copies d'élèves, suivies chacune d'un commentaire

317/318 - Français : commentaire de texte, t. 1
349/350 - Français : commentaire de texte, t. 2
319/320 - Français : dissertation, essai, t. 1
347/348 - Français : dissertation, essai, t. 2
363/364 - Français : technique du résumé
          et de la discussion

• PROFIL LITTÉRATURE

Dix textes expliqués

 90 - 10 poèmes expliqués :
      Du surréalisme à la résistance
 91 - 10 poèmes expliqués :
      Baudelaire : Les fleurs du mal
 92 - 10 poèmes expliqués :
      Du symbolisme au surréalisme
 93 - 10 poèmes expliqués : **Le romantisme**
102 - 10 poèmes expliqués :
      Parnasse et symbolisme
104 - 10 textes expliqués : **Voltaire**, Candide
107 - 10 textes expliqués :
      Stendhal, Le rouge et le noir
108 - 10 textes expliqués :
      Flaubert, Madame Bovary
110 - 10 textes expliqués : **Molière**, Dom Juan
131 - 10 textes expliqués : **Balzac**, Le Père Goriot
135 - 10 textes expliqués : **Camus**, L'étranger
136 - 10 textes expliqués : **Zola**, Germinal

Histoire littéraire

114/115 - 50 romans clés de la littérature française
119 - Histoire de la littérature en France
      au XVIe siècle
120 - Histoire de la littérature en France
      au XVIIe siècle
139/140 - Histoire de la littérature en France
      au XVIIIe siècle
123/124 - Histoire de la littérature et des idées
      en France au XIXe siècle
125/126 - Histoire de la littérature et des idées
      en France au XXe siècle
127 - La littérature fantastique en France
116 - 25 romans clés de la littérature négro-africaine
117/118 - La littérature canadienne francophone

Hors série

1 000 - Guide des Profils : un répertoire détaillé
        de tous les Profils

Aubin Imprimeur

LIGUGÉ, POITIERS

Achevé d'imprimer en avril 1993
Nº d'édition 13437 / Nº d'impression L 42692
Dépôt légal avril 1993 / Imprimé en France